Informatik aktuell

Herausgegeben
im Auftrag der Gesellschaft für Informatik (GI)

Wolfgang A. Halang
Herwig Unger (Hrsg.)

Logistik und Echtzeit

Echtzeit 2017

Fachtagung des gemeinsamen Fachausschusses
Echtzeitsysteme von
Gesellschaft für Informatik e.V. (GI),
VDI/VDE-Gesellschaft für Mess- und Automatisierungs-
technik (GMA) und
Informationstechnischer Gesellschaft im VDE (ITG)
Boppard, 16. und 17. November 2017

GESELLSCHAFT FÜR INFORMATIK E.V.

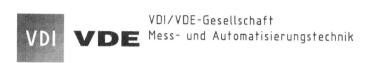

VDI/VDE-Gesellschaft
Mess- und Automatisierungstechnik

INFORMATIONSTECHNISCHE
GESELLSCHAFT IM VDE

Springer Vieweg

Herausgeber

Wolfgang A. Halang
Lehrstuhl für Informationstechnik
FernUniversität in Hagen
Hagen, Deutschland

Herwig Unger
Lehrstuhl für Kommunikationsnetze
FernUniversität in Hagen
Hagen, Deutschland

CR Subject Classification (2001): C3, D.4.7

ISSN 1431-472X

ISBN 978-3-662-55784-6   ISBN 978-3-662-55785-3 (eBook)
https://doi.org/10.1007/978-3-662-55785-3

Die Deutsche Nationalbibliothek verzeichnet diese Publikation in der Deutschen Nationalbibliografie;
detaillierte bibliografische Daten sind im Internet über http://dnb.d-nb.de abrufbar.

Springer Vieweg

© Springer-Verlag GmbH Deutschland 2017

Springer Vieweg ist Teil von Springer Nature
Die eingetragene Gesellschaft ist Springer-Verlag GmbH, DE
Die Anschrift der Gesellschaft ist: Heidelberger Platz 3, 14197 Berlin, Germany

Vorwort

Die fachliche Herkunft der Mitglieder der „Echtzeitszene" ist in erster Linie in der
industriellen Automatisierungstechnik und in anderen technisch-wissenschaft-
lichen Anwendungsgebieten zu suchen. Andererseits gibt es aber auch in anderen
Lebens- und Wirtschaftsbereichen zeitkritische informationstechnische Anwendungen, weshalb es nicht schaden kann, auch einmal genauer zu betrachten, was
dort im Hinblick auf Echtzeitsysteme geschieht. Dabei kommt einem sicher sofort
die Logistik in den Sinn, weil viele Fertgungsbetriebe heute auf „Just-in-time"-
Belieferung setzen, um die Lagerung von Vormaterial zu vermeiden und auf diese
Weise Kosten zu senken.

Deshalb wählte das Programmkomitee „Logistik und Echtzeit" als Leitmotiv
für die diesjährige Tagung und rief zur Einreichung entsprechender Beiträge auf.
Die Tatsache, dass der Rückfluss sich auf diese Thematik beziehender Vortrags-
anmeldungen eher gering war, lässt darauf schließen, dass die Gräben zwischen
den Disziplinen und Fachkulturen wohl immer noch recht breit sind. Trotzdem
kamen immerhin drei Einreichungen zusammen, die in einer Sitzung zum Thema
Logistik vorgestellt werden. Zwei davon beschäftigen sich mit Verfahren zur Modellierung von Lieferketten, insbesondere der Automobilindustrie, die u.a. zum
simulativen Nachweis dafür dienen, ob untersuchte Lieferketten als soziotechnische Systeme die in sie gesetzten zeitlichen Erwartungen, d.h. die Anforderung
an ihr rechtzeitiges Funktionieren, einhalten können.

Der dritte Beitrag zum Thema Logistik betrachtet ein Gebiet, dass sich auf
der Grundlage der klassischen kommerziellen Datenverarbeitung entwickelt hat
und dessen Vertreter offensichtlich keinen Kontakt zur eher technisch-industriellen
Echtzeitszene haben. Es dreht sich dabei um die automatisierte Abwicklung einer
großen Anzahl von Aufträgen an den Kapitalmärkten mit hoher Geschwindigkeit. Da dieser so genannte Hochfrequenzhandel eine Anwendung der Informations-
und Kommunikationstechnik darstellt, für die durchaus harte Echtzeitanforderungen gelten, werden die an den Börsen eingesetzte Rechentechnik betrachtet
mit dem Ergenis, dass die Handelssysteme auf Schnelligkeit, jedoch nicht auf
Echtzeitfähigkeit hin ausgelegt sind.

Die erste Sitzung der Tagung wendet sich aber zunächst einmal den für den
Echtzeitbereich typischen, in industrielle Anwendungen eingebetteten Systemen
zu. Für sie wurden aufbauend auf einem aktuellen Mehrkernprozessor ein Einplatinenrechner neu entwickelt und darauf das bewährte Echtzeitbetriebssystem
RTOS-UH sowie eine Laufzeitumgebung für die Sprache PEARL portiert. Ihre Einbettung in physikalische Umgebungen und ihre Ressourcenbeschränktheit
gestalten Aktualisierung und Testen eingebetteter Systeme inhärent schwierig.
Diesen Problemen nehmen sich zwei Beiträge an, die Mechanismen zu ihrer par-
tiellen Änderung im laufenden Betrieb bei Wahrung der Echtzeitfähigkeit und
eine, in einen agilen Entwicklungsprozess integrierte Testumgebung vorstellen,
die automatisiert Testdaten bereitstellt und die Testergebnisse auswertet.

Auch die dem Thema Echtzeitkommunikation gewidmete Sitzung blickt über den Tellerrand automatisierungstechnischer Anwendungen hinaus. Um von mobilen Geräten aus effizientes Video-Livestreaming über Peer-to-Peer-Netze zu ermöglichen, musste für die Umsetzung der Netzadressen ein neues Signalisierungsverfahren konzipiert und validiert werden. Mit Videostreams werden im Rahmen des E-Learnings auch Lehrveranstaltungen übertragen. Eine benutzerfreundliche Alternative zu herkömmlichen Evaluationsmethoden erlaubt es den Lernenden, durch Bildschirmgesten in Echtzeit Rückmeldungen zum Geschehen zu geben.

Um die durch Einsatz von Mehrkernprozessoren in elektronischen Steuergeräten erhöhte Verarbeitungskapazität auch wirklich nutzbar zu machen, wird in der Sitzung über Leistungssteuerung und -bewertung ein Prozess zur Task-Migration als Reaktion auf Umgebungsanpassungen vorgestellt. Die Veränderung des Laufzeitverhaltens von Software durch Testinstrumentierung stört den Entwicklungsprozess von Echtzeitsystemen. Abhilfe schafft hier eine neuartige Baugruppe, die ohne Systemeingriffe die Laufzeiten nebenläufiger Tasks überwacht und erfasste Ereignisse den Entwicklern mitteilt. Weil die Einhaltung vorgegebener Fristen die vornehmste Eigenschaft von Echtzeitsystemen ist, gibt es Analysatoren zur Abschätzung der maximalen Ausführungsdauern von Anwendungsprogrammen nach oben. Ihre Qualität kann mit einem Werkzeug bewertet werden, das Benchmarks mit bekannten, längsten Ausführungspfaden erzeugt.

Benchmarks sind auch das Hilfsmittel, um das Zeitverhalten des Datenverkehrs mit der Peripherie von Mikrocontrollern zu analysieren und im Rahmen sicherheitskritischer Anwendungen obere Schranke für die Programmausführungszeit festzulegen. Da ihre Einsatzgebiete häufig Sicherheitsbezug haben, ist funktionale Sicherheit ein wichtiger Aspekt für eingebettete Systeme. Dementsprechend wird in der diesem Thema gewidmeten Sitzung für Vermeidung dynamischer Ressourcenverwaltung durch Betriebssysteme und ressourcenadäquate Systemauslegung geworben. Die fortwährende Verkleinerung integrierter Schaltkreise vermindert ihre elektromagnetische Verträglichkeit, was zu vermehrten Kontroll- und Datenflussfehlern führt. Es wird gezeigt, wie solche Fehler einfacher und zuverlässiger als mit bisherigen software-basierten Ansätzen von mit gerätetechnischen Architekturmerkmalen ausgestatteten Prozessoren erkannt werden können.

Frau Dipl.-Ing. Jutta Düring sei sehr herzlich dafür gedankt, in bewährter Weise die Einreichungen mit größter Sorgfalt redigiert sowie den vorliegenden Tagungsband konsistent zusammengestellt und ansprechend gestaltet zu haben.

Hagen, im August 2017   Wolfgang A. Halang
                                                         Herwig Unger

Inhaltsverzeichnis

Funktionale Sicherheit

Entwicklung eines Singleboardcomputers mit RTOS-UH/PEARL für industrielle Anwendungen

Jan Bartels

Siempelkamp Maschinen- und Anlagenbau GmbH
Siempelkampstraße 75, 47803 Krefeld
jan.bartels@siempelkamp.com

Zusammenfassung. Die Firma Siempelkamp setzt seit über 20 Jahren VMEbus-basierte Prozessrechner für die Regelungstechnik an kontinuierlich arbeitenden Pressen zur Span- und Faserplattenherstellung ein. Die Programmierung erfolgt in der Echtzeithochsprache PEARL unter dem Betriebssystem RTOS-UH, das zunächst auf Prozessoren der Motorola 68k-Familie sowie später dem PowerPC implementiert wurde. Nach der Abkündigung der bisher verwendeten PowerPC-CPU steigt Siempelkamp nun mit einem eigens entwickelten Singleboardcomputer auf moderne QorIQ-MultiCore-CPUs von NXP/QualComm unter Beibehaltung von RTOS-UH/PEARL um.

1 Einleitung

Der Siempelkamp Maschinen- und Anlagenbau fertigt Anlagen für die Span- und Faserplattenherstellung. Das Kernstück der Anlage ist die sogenannte ContiRoll-Presse. In dieser kontinuierlich arbeitenden Presse werden die beleimten Holzspäne oder -fasern unter Temperatureinfluss zu einer endlosen Platte verpresst, die anschließend in die gewünschte Länge gesägt wird. Für die komplexe Regelung der Hydraulik setzt Siempelkamp seit über 20 Jahren VMEbus-basierte Prozessrechner unter dem Namen „Siempelkamp Press Controller" (SPC) (vgl. Abb. 1) ein.

Um eine ausreichende Rechenleistung für die Regelung bereitstellen zu können, wurde seit Mitte der 1990er Jahre ein VMEbus-System mit 5 CPU-Karten mit jeweils einem 68040 als lose gekoppeltes Mehrprozessorsystem eingesetzt. Die E/A-Signale wurden mit 5 VMEbus-Interbus-S-Controllern der Generation 3 eingelesen. Dazu kamen noch weitere VMEbus-Karten mit direkter Peripherieanbindung für schnelle Signale. Ende der 1990er Jahre erfolgte der Umstieg auf leistungsfähigere CPUs vom Typ 68060, nachdem die zu regelnde Pressenhydraulik erheblich umfangreicher geworden war. Mit dem Wechsel von 68k-CPUs auf PowerPCs im Jahr 2004 war eine Abkehr vom Mehrprozessorsystem verbunden. Der PowerPC bot so viel Rechenleistung, dass alle Rechenaufgaben auf eine CPU-Karte verlagert werden konnten. Die Peripherieanbindung erfolgte weiterhin über den INTERBUS-S mit VMEbus-Controllern der Generation 4. Die Abkündigung der Interbus-S-Controllerkarten machte vor ca. 4 Jahren den schon

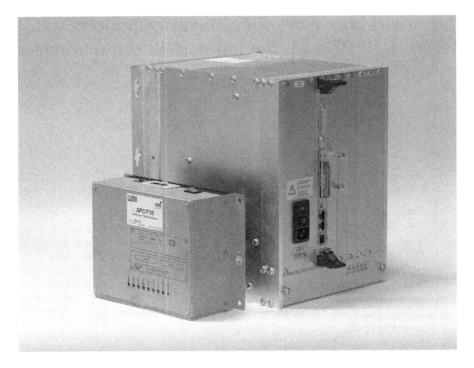

Abb. 1. VMEbus-System (hinten) und neuer Singleboardcomputer (vorne)

länger geplanten Wechsel vom Interbus-S auf PROFINET RT unumgänglich. Für dieses Ethernet-basierte Protokoll ist controllerseitig keine spezielle Hardware notwendig. Vielmehr konnte dafür die auf der CPU ohnehin vorhandene und bis dahin ungenutzte zweite Ethernet-Schnittstelle genutzt werden. Damit verlor der VMEbus seine Berechtigung, weil das Gesamtsystem nur noch aus einer CPU-Karte bestand. Als schließlich die Herstellung der verwendeten VMEbus-CPU-Karte eingestellt werden sollte, begann die Entwicklung des Nachfolgesystems als Singleboardcomputer.

2   Software- und Systemstruktur

Das bisherige Rechnersystem zeichnete sich durch eine Trennung der Software in 3 Schichten aus:

- Das Echtzeitbetriebssystem RTOS-UH verwaltet die Systemressourcen wie CPU, Hauptspeicher, Massenspeicher, Ethernetschnittstellen etc.
- Der Zugriff auf Prozessdaten erfolgt durch eine Treiberschicht, die die zugrundeliegende Hardware für die regelungstechnischen Anwendungen vollständig abstrahiert. In dieser Schicht sind ebenso Dienste für die Systemdiagnose zu finden sowie Netzwerktreiber für die Einbindung des Systems in die Leittechnik der Anlagen.

– Die regelungstechnischen Anwendungen nutzen die Dienste der Treiberschicht und sind auf diese Weise unabhängig von der konkreten Hardware.

Die Schnittstelle zwischen der Regelungstechnik und der Treiberschicht besteht aus zahlreichen APIs für unterschiedliche Zwecke:

– Zugriff auf vorverarbeitete E/A-Signale bzw. deren Bereitstellung,
– Kalibrierung von E/A-Signalen,
– Zugriff bzw. Bereitstellung von Signalen zum Austausch über Netzwerkprotokolle mit anderen Systemen sowie der Leittechnik,
– Zugriff auf persistente Konfigurations- und Parameterdaten,
– Protokollierung von Zustands- und Fehlermeldungen in einem Logfile und
– Bereitstellung von Daten für ein Webinterface.

Ein zentraler Bestandteil dieses Konzepts (vgl. Abb. 2) sind Initialisierungstabellen, aus denen sich die Software konfiguriert [1]. Eine dieser Tabellen beschreibt die E/A-Anbindung. Die Treiber für die Feldbussysteme Interbus-S und PROFINET RT lesen diese Datei mit Informationen über den Busaufbau beim Systemstart ein. Zu jedem der rund 1.000 E/A-Signale ist ein Eintrag enthalten, der neben der Adressierung auch die notwendigen Parameter für die Buskonfiguration sowie Skalierungsinformationen für eine Vorverarbeitung der Werte bereitstellt. Auf diese Weise können die Treiber die E/A-Daten der Regelungsapplikation in einer gleichartigen Weise zur Verfügung stellen, ohne dass die Regelungsapplikation die Eigenschaften des Bussystems oder der E/A-Module kennen muss. Gleichzeitig sorgen die Treiber für eine Skalierung der E/A-Signale in Prozessgrößen und stellen zusätzliche Statusinformationen bereit. Diese anlagenabhängige Hardwarebeschreibungstabelle wird automatisch aus Exportdaten des ECAD-Programms generiert, mit dem die Pläne für die Schaltschränke erstellt werden.

Eine weitere Tabelle beschreibt den Datenaustausch zwischen den Treibern und der Regelungssoftware. Die Prozessdaten werden über ein globales Shared Memory, das ca. 30.000 Datenpunkte umfasst, zwischen den verschiedenen Softwaremodulen ausgetauscht. Dazu können die Softwarepakete die Adresse eines Signals über den eindeutigen Signalnamen ermitteln, um einen Zeiger darauf zu initialisieren. Diese Zeigerinitialisierung findet beim Systemstart einmalig statt, so dass zur Laufzeit keine Zeitverzögerungen auftreten.

Weiterhin enthält die Tabelle Adressinformationen für die Emulation verschiedener SPS-Typen. Mittels entsprechender Netzwerktreiber stellt sich das System so dar, als wäre es wahlweise eine SIMATIC S7-400 von Siemens oder eine ControlLogix-Steuerung von AllenBradley. Aus Sicht der Leittechnik integriert sich das System somit nahtlos in die Steuerungslandschaft der Gesamtanlage.

Auch für die Konfiguration der Regelungssoftware kommen weitere Tabellen zum Einsatz, die z. T. automatisch aus anderen Datenquellen generiert werden können. Darunter fallen z. B. die Abmessungen und Anordnung von Hydraulikzylindern. Die Reglerstruktur passt sich auf diese Weise an die Struktur der Pressenhydraulik und -mechanik an, ohne dass eine Programmänderung für einen konkreten Pressenaufbau erforderlich ist.

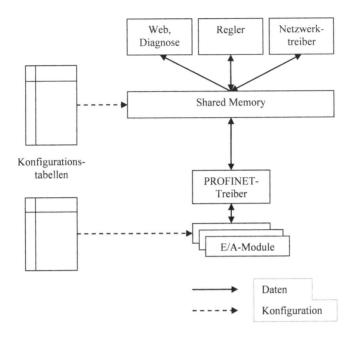

Abb. 2. Softwarestruktur mit Konfigurationstabellen

Durch den einheitlichen Einsatz von API-Funktionen und Konfigurationstabellen können sich auch die Diagnosefunktionen selbständig an die anlagenspe-
zifischen Gegebenheiten adaptieren, ohne dass es einer manuellen Konfiguration
bedarf. Die Diagnosefunktionen werden über einen integrierten Webserver zur
Verfügung gestellt.

Die Implementierung der Regelungstechnik erfolgt in der Echtzeithochsprache PEARL, die sich für Echtzeitaufgaben sehr gut eignet. In der mittleren
Ebene mit den Treiber- und Diagnoseprogrammen findet sich neben PEARL
und einigen Teilen Assembler ein hoher Anteil an Programmen, die in C codiert
sind.

Dieses Konzept hat sich in über 20 Jahren Einsatzzeit über mehrere Änderungen wie z. B. den Wechsel von Prozessorkarten, Feldbussystemen, Netz-
werkprotokollen etc. bewährt. Die APIs sind stets abwärtskompatibel erweitert
worden, damit bei Modernisierungen oder Softwareupdates ältere Regelungssoftware auch noch auf neueren Systemen läuft.

3 Anforderungen

Bevor man mit der Entwicklung eines neuen Systems beginnen kann, sind zahlreiche Entscheidungen zu treffen, denn mit einer neuen Systemplattform bin-
det man sich auf viele Jahre. Dies betrifft neben der Hardware selbst auch die

Softwareumgebung sowie etablierte Workflows. Weiterhin ist zu bedenken, dass Produktionsanlagen über viele Jahre genutzt werden. Die Anlagenbetreiber modernisieren in der Regel nach ca. 15 Jahren Nutzungsdauer die Elektrotechnik zumindest teilweise. Deshalb ist es unverzichtbar, bei der Komponentenauswahl auf eine langfristige Lieferbarkeit als Ersatzteil zu achten. Außerdem müssen für Modernisierungen einfache Upgradekonzepte existieren.

Das zu entwickelnde System sollte folgende Anforderungen erfüllen:

– höhere Rechenleistung für neue Pressenkonzepte,
– einfach einsetzbar als Ersatz für Altsysteme bei Modernisierungen,
– weitgehende Software-Kompatibilität,
– erweiterbar für Spezialanwendungen,
– Singleboardcomputer anstelle eines modularen VMEbus-Systems,
– passiv gekühlt,
– wartungsarm und
– langfristige Verfügbarkeit (mind. 10 Jahre).

Weil wir insbesondere große Teile der vorhandenen Software weiter nutzen wollten, kam ein Umstieg auf ein anderes Betriebssystem als RTOS-UH nicht in Frage. Damit lag im wesentlichen fest, dass das neue System auf PowerPC-CPUs basieren soll, denn das Betriebssystem ist nur für diese Prozessoren verfügbar. Aufgrund dieser Anforderungen fiel nach Voruntersuchungen die Wahl auf die Prozessoren der QorIQ-T-Reihe von NXP bzw. QualComm [2]. Es handelt sich dabei um sparsame und leistungsfähige Multicore-CPUs mit PowerPC-Kernen. Auf diese Weise können große Teile der Software mit wenig Aufwand angepasst und weiterhin genutzt werden. Da auf dem Markt keine entsprechenden Prozessorboards fertig verfügbar waren, haben wir die notwendige Hardware in Zusammenarbeit mit der Firma esd electronic systems GmbH speziell für unsere Zwecke entwickelt.

Eine mögliche Alternative zu dieser Entscheidung hätte z. B. darin bestanden, auf handelsübliche Boards mit Intel-CPUs unter einem Echtzeit-Linux aufzusetzen. Anstelle der so entfallenden Hardwareentwicklung hätten wir indes einen erheblichen Aufwand in die Neuentwicklung der umfangreichen Software stecken müssen. Brüche bei Modernisierungen wären dabei kaum vermeidbar gewesen.

4 Hardware

Auf der Basis der Anforderungen ist ein Singleboardcomputer mit einem Prozessor QorIQ T1022 mit den in Tabelle 3 zusammengefassten Daten entstanden.

Der ausgewählte Prozessor enthält 2 PowerPC-Kerne, die mit 1,2 GHz getaktet werden. Optional ist mit dem T1042 ein pinkompatibler 4-Kern-Prozessor erhältlich. Dadurch besteht grundsätzlich die Möglichkeit zu einer weiteren deutlichen Steigerung der Rechenleistung, ohne dass die restliche Hardware angepasst werden muss. Das in Abb. 3 dargestellte Blockschaltbild zeigt die Gesamtstruktur des Systems.

Tabelle 1. Technische Daten im Vergleich

	VMEbus-CPU MVME5500	Singleboard-Computer SPC/T10
CPU	PowerPC MPCP7457, 1 GHz	QorIQ T1022, 1,2 GHz
CPU-Kerne	$1 \times$ e600	$2 \times$ e5500 (optional 4 bei T1042)
L1-Cache	Je 32 kB L1-Cache für Daten und Instruktionen	Je 32 kB L1-Cache für Daten und Instruktionen pro Core
L2-Cache	512 kB	256 kB pro Core
L3-Cache	2 MB	256 kB (CoreNet-Cache) gemeinsam für alle Cores
DRAM	512 MB mit ECC, PC133	512 MB mit ECC, DDR3-800
SRAM	4 MB batteriegepuffertes SRAM (auf aufgestecktem PMC-Modul)	512 kB MRAM
Ethernet	$1 \times$ Fast-Ethernet, $1 \times$ Gigabit-Ethernet	$3 \times$ Gigabit-Ethernet
Massenspeicher	$2 \times$ CompactFlash-Karten (auf aufgestecktem PMC-Modul)	$2 \times$ SATA SSDs

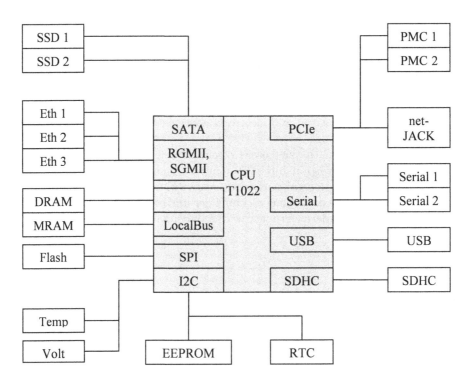

Abb. 3. Systemstruktur

Der Prozessor enthält bereits zahlreiche integrierte Schnittstellen für die Speicheranbindung (DRAM, MRAM, Flash, EEPROM), Massenspeicher (SATA-SSDs, USB, SD-Karten), Ethernetcontroller sowie weitere E/A-Komponenten. Dadurch sind auf der Platine selbst nur noch wenige Bauteile z. B. für Treiber und Schutzschaltungen notwendig. Der Prozessor befindet sich auf der Platinenunterseite, damit er direkten Kontakt zum Kühlkörper besitzt. Der Kühlkörper bildet die Geräterückseite und sorgt für die Wärmeabfuhr, damit das System lüfterlos betrieben werden kann.

Neben den bereits genannten Anforderungen bietet eine kundenspezifische Hardwareentwicklung die Möglichkeit, spezielle Detaillösungen zu integrieren. In der Vergangenheit trat an den bisherigen Systemen mehrfach das Problem auf, dass es zu Dateisystemfehlern gekommen ist, wenn das System genau während Schreibzugriffen auf die Festplatte oder die CF-Karten ausgeschaltet worden ist. Das neue System überwacht deshalb die Eingangsspannung von 24 V und löst einen Interrupt aus, wenn es einen Spannungseinbruch erkennt. Der Prozessor kann daraufhin alle Dateioperationen abschließen. Dazu verfügt das System über eine ausreichende Pufferung der Versorgungsspannung mittels mehrerer größerer Kondensatoren, damit die ausstehenden Schreiboperationen nach dem Abschalten sicher beendet werden können, denn im Gegensatz zu PCs werden Steuerungssysteme nicht explizit heruntergefahren.

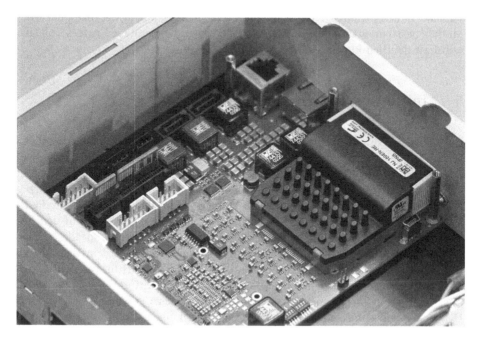

Abb. 4. Platinenansicht: Rechts befindet sich das aufgesteckte netJACK-Modul für die SPS-Kopplung

Nahezu in allen Fällen muss das SPC-System einige schnelle Prozessdaten mit einer Anlagen-SPS austauschen. Dazu sind in der Vergangenheit entsprechende externe Feldbus-Koppelmodule mit 2 gegebenenfalls sogar unterschiedlichen Interfaces (z. B. PROFINET-Device und PROFIBUS-Slave) eingesetzt worden. Diese Gateways werden wie übliche E/A-Geräte mit dem PROFINET-Interface in den Feldbus des SPC-Systems eingebunden, während das zweite Interface im Feldbus der SPS hängt (z. B. PROFIBUS DP, PROFINET RT oder EtherNet/IP). Das Modul spiegelt die E/A-Daten einfach von der einen auf die andere Seite und ermöglicht so einen schnellen Datenaustausch im E/A-Zyklus. Die Neuentwicklung bot die Möglichkeit, netJACK-Module der Firma Hilscher über einen speziellen PCIExpress-Steckplatz zu integrieren (vgl. Abb. 4). Diese austauschbaren Module stellen Controller oder Devices für viele verschiedene industrielle Netzwerkprotokolle zur Verfügung und besitzen gegenüber der bisherigen externen Lösung einen erheblichen Preisvorteil. Mit diesen Modulen wandert die Gateway-Schnittstelle in das SPC-System selbst und das SPC-System wird als Gerät in die E/A-Konfiguration der SPS eingebunden. Gleichzeitig bietet dieser Ansatz eine große Flexibilität für die schnelle Integration von weiteren Feldbusprotokollen neben dem PROFINET RT für spezielle Anwendungen in der Zukunft.

Um für Modernisierungen und zukünftige neue Anwendungsfelder gerüstet zu sein, kann das neue System außerdem mit einer optionalen Aufsteckplatine um zwei PMC-Steckplätze erweitert werden. PMC steht für „PCI Mezzanine Card" und ist ein in IEEE 1386 genormtes Format für Erweiterungskarten wie z. B. schnelle interruptfähige Digitaleingänge. Die Abmessungen der beiden PMC-Module bestimmen im Wesentlichen die Gehäusegröße, denn die Prozessorplatine selbst ist deutlich kleiner.

5   Multicore-Betrieb

Bei RTOS-UH handelt es sich um ein klassisches Singlecore-Echtzeit-Betriebssystem. In dem eingangs beschriebenen ursprünglichen Mehrprozessorsystem lief auf jeder VMEbus-CPU ein unabhängiges Betriebssystem. Die Prozesse waren CPU-übergreifend nur lose gekoppelt, indem z. B. über gemeinsame Speicherbereiche kommuniziert wurde. Außerdem kamen für spezielle Zwecke auch TCP-Verbindungen zwischen den CPUs zum Einsatz. Mit dem Umstieg auf den PowerPC vereinfachte sich die Systemarchitektur erheblich, weil nun alle Prozesse auf einem CPU-Kern liefen. Dies ändert sich nun mit dem Umstieg auf die Multicore-Prozessoren erneut. Die Firma IEP hat RTOS-UH für die neuen Prozessoren mit einer SMP-Unterstützung (Symmetric Multiprocessing) versehen. Tasks werden nicht an einen bestimmten Prozessorkern gebunden, sondern das Betriebssystem entscheidet bei einem Taskwechsel eigenständig über die Zuteilung auf einen Kern. Spinlocks zum Schutz kritischer Datenbereiche, die Identifikation des eigenen Prozessorkerns sowie die interruptbasierte Kommunikation zwischen den Prozessorkernen erfordern zusätzlichen Aufwand. Deshalb steigen die Taskwechselzeiten von ca. 1,8 μsec auf einem Singlecore-Betriebssystem auf ca. 2,3 μsec im Multicore-System an.

Bei einem Singlecore-Betrieb kann es zwar mehrere lauffähige Tasks geben, jedoch kann nur die höchstpriore Task tatsächlich laufen. Bei einem Multicore-Betrieb können so viele Tasks laufen, wie Prozessorkerne zur Verfügung stehen. Dadurch ändert sich das Systemverhalten deutlich und erfordert Anpassungen in der Applikationssoftware. Dies betrifft im Wesentlichen folgende Punkte:

– Bislang gab es einige Systemdatenbereiche im Betriebssystem, die Informationen über die gerade laufende Tasks enthielten (z. B. den Taskidentifier) und auf die über eine feste Adresse zugegriffen werden konnte. Diese Datenbereiche müssen nun mehrfach existieren. Eine Task muss vor dem Zugriff feststellen, auf welchem Prozessorkern sie läuft und die Zugriffsadresse zur Laufzeit bestimmen.
– Das zeitliche Ablaufverhalten von Tasks ändert sich. Funktionierten bislang einige Softwarekonstrukte alleine aufgrund der prioritätsgesteuerten Taskverdrängung, ist nun eine explizite Synchronisierung mittels Semaphoren notwendig. Auch traten zum Teil Deadlocks auf, weil Semaphore in der falschen Reihenfolge belegt worden sind. Diese Softwarefehler sind in der Vergangenheit auf einem Singlecore-System nie aufgefallen.

Die erste Entwicklung der Multicore-Variante von RTOS-UH fand bereits vor einigen Jahren auf einem QorIQ-Prozessor P2020, einem Vorgänger der eingesetzten T-Serie, statt, denn die ersten Projektskizzen für unser neues SPC-System sahen ursprünglich ebenfalls einen Prozessor aus der P-Serie vor. Als das Projekt schließlich startete, erfolgte im Hinblick auf eine längere Verfügbarkeit und eine geringere Wärmeentwicklung ein Wechsel auf die modernere T-Serie.

6 Ausblick

Das Entwicklungsprojekt dauert zum Zeitpunkt des Redaktionsschlusses für den Tagungsband noch an. Ein prototypischer Einsatz ist noch nicht erfolgt. Vielmehr standen bislang Funktionstests der Hardware sowie die Portierung der systemnahen Softwareteile im Vordergrund der Arbeiten. Weil derzeit noch keine belastbaren Aussagen zur Gesamtperformance des neuen Systems zur Verfügung stehen, sind hier im Tagungsband keine genauen Vergleichsdaten zwischen dem bisherigen VMEbus-System und dem neuen Einplatinenrechner genannt. Wir erwarten alleine durch die Multicore-Architektur eine deutliche Leistungssteigerung. Erste Benchmarks legen nahe, dass die Rechenleistung eines Prozessorkerns des neuen Systems etwa im Verhältnis der Taktfrequenz zu der bisherigen VMEbus-CPU höher liegt. Der Durchsatz bei Hauptspeicherzugriffen steigt bei datenintensiven Anwendungen, bei denen die Datenmengen die Cachegrößen deutlich überschreiten, um ca. 50 bis 100% an. Gegenstand weiterer Performancetests wird der Einfluss der Caches werden, denn die Struktur und die Größe der Caches unterscheiden sich in den verwendeten T-Prozessoren deutlich von der bisherigen VMEbus-CPU.

Sobald nach der vollständigen Erprobung der Prototypen eine erste Nullserie von Geräten gebaut sein wird, werden wir in einer neu in Betrieb zu nehmenden Anlage das bisherige VMEbus-System gegen einen neuen Controller ersetzen und testen.

Literaturverzeichnis

1. B. Scherff, R. Krumbach-Voß und B. Kroll: Echtzeitsysteme flexibel konfigurieren – Projektierung und Planung von Mehrprozessorsystemen im Anlagenbau. *Elektronik* 12/1994.
2. NXP: QorIQ®T1042 and T1022 Multicore Communications Processors,
   `http://www.nxp.com/products/microcontrollers-and-processors/`
   `power-architecture-processors/qoriq-platforms/t-series/`
   `qoriq-t1042-and-t1022-multicore-communications-processors:`
   `T1042,`
   abgerufen am 30.06.2017.

Towards Dynamically Composed
Real-time Embedded Systems

Leandro Batista Ribeiro and Marcel Baunach

Institute of Technical Informatics - ITI
Graz University of Technology, Austria
{lbatistaribeiro|baunach}@tugraz.at

Abstract. Embedded systems are present virtually everywhere, from simple home appliances to complex aerospace systems, and the establishment of the Internet of Things (IoT) increases this ubiquity. Naturally, after deployment, updates might be necessary due to bugs found in the original implementation, improvement of tasks, security holes, etc. However, some domains require the deployment of a big number of devices, which often cover a vast area or are unreachable after deployment, and lead to very expensive, or even impossible updates with physical access to the devices. Therefore, remote updates are of utmost importance. In this paper, we present the existing approaches for remote updates, and analyze the overheads each one causes in the devices and in the update server. Furthermore, we present our concept for coping with dynamically composed real-time systems. Our main goal will be schedulability analysis during dynamic updates.

1 Introduction

Embedded systems are already present in virtually all application domains (automotive, robotics, home automation, smart production and logistics, etc.). In addition, the establishment of the IoT will introduce tons of new smart devices in the embedded world and heavily increase the number of connected devices.

As the number of devices and application domains grow, the need for remote update mechanisms arises, in order to i) keep the systems always up-to-date in the long run: bug fixes, security patches, etc. are always needed after deployment and it is important to keep every device with the latest versions of software; ii) reduce maintenance costs: physical access to individual devices can be very expensive and time consuming (mainly if it is about millions or billions of units), or even impossible sometimes, what reinforces the need of remote updates; iii) provide more convenience to final customers: no need to visit service centers or allow physical access to their devices or properties.

Remote updates are easily applied to devices that perform non-critical tasks; the operation can be interrupted to update the system and the timing behavior is not crucial. On the other hand, some embedded systems perform real-time tasks in (life) critical situations, as pacemakers, automotive/aerospace systems, etc. Thus, their operation can not be interrupted without drastic consequences.

Hence, it is necessary to update devices without disrupting their normal operation, i.e, perform dynamic (on-the-fly) updates. However, dynamic systems have an inherent overhead compared to static systems, due to the metadata necessary to perform the dynamic procedures (symbol table, relocation entries, etc.). Therefore, we aim at providing several solution variants, by sharing this overhead with different proportions between the update server and the target devices.

Due to the increasing complexity and integration density of embedded software, it will also become essential to dynamically compose the systems from independent modules and keep them partially updatable at runtime. This will be specially important because, in the future, there will be many software providers offering similar services to different classes of devices, similarly with what happens nowadays with general purpose computers. Thus, manufactures can choose the solutions that best fit their requirements (energy efficiency, response time, low memory overhead, etc.).

Nevertheless, since those modules are independently developed, without any knowledge about the target systems, it is necessary to carefully analyze their compatibility with the system, i.e., check if all symbol references can be resolved and make sure the real-time capability is not violated; compatible updates are allowed to be deployed, non-compatible ones are rejected. Our ultimate goal is to cope with dynamically composed real-time systems, i.e., systems that are partially updated on-the-fly and that stay real-time capable during and after any update. The concept presented in this paper is part of a holistic solution for dynamically composed RTOS and MCU, presented by Martins Gomes et al. [16].

The remainder of this paper is organized as follows: Section 2 presents the current approaches for remote updates in embedded systems and Section 3 introduces our concept for building a dynamically composed real-time system.

2   State of the Art

The update process of a device can be divided in four steps: choice of update unit, size reduction, transmission and installation. The chosen approach in each step will affect the size of the data to be transmitted and the processing and memory overheads in the device, which will impact the amount of energy spent – a very important metric for battery powered devices. It is also worth to mention that approaches that demand a reboot are not suitable most safety-critical real-time systems, since the delay might cause real-time tasks to miss deadlines.

2.1   Update Units

Monolithic image: A monolithic image is built in the update server and sent to the devices, which just need to load the image to memory for execution. Therefore there is low in-node processing overhead. However, the amount of data transmitted and the memory overhead are the highest from all approaches. Another drawback is that the entire SW stack/source must be available for compiling/linking at the update server. Furthermore, the replacement of the full image demands a reboot, so this approach is not suitable for dynamically composed systems. Deluge [9] provides full reprogramming support for TinyOS [14], including the dissemination protocol, loading and reboot mechanisms. Upon an update, it transmits both the full image and the reprogramming protocol, so there is an additional transmission overhead.

Stream [21], on the other hand, does not need to transmit the reprogramming protocol; it pre-installs the protocol on the external flash memory of devices.

Loadable modules: Component-based systems provide the possibility of a more flexible update mechanism. Since components/modules are independently developed, it is possible to update single modules instead of the whole program. When only compiling a module an object file, a relocatable Executable and Linking Format (ELF) file, is produced. Relocatable files contain references to symbols whose addresses are unknown at compile time. The addresses are defined through linking and relocation. Linking resolves the addresses of external symbols and relocation resolves the addresses of internal symbols. Relocatable files also contain metadata to describe where the references to each unresolved symbol occur, so that the file can be properly modified and become an executable binary. Nevertheless, the metadata overhead in relocatable files is quite large, from 45 % to 55 % of the object file [19]. One strategy for reducing this overhead is using Position Independent Code (PIC), which uses relative references for all internal symbols. However, PIC demands compiler and CPU architecture support, adds processing overhead, and modules might be subject to size restrictions.

All implementations of this approach, which do not demand a reboot after an update, are suitable to dynamically composed systems. The processing and memory overhead of the device, as well as the size of the transmitted data depends on how the metadata storage and processing are divided between device and update server. The more metadata the server stores, the more it can tailor updates for specific devices, so less data will be transmitted and the overhead in the devices will be lower. The less metadata the server stores, the more generic is the update. Thus, the devices themselves must tailor their own updates. It is worth to mention that every global symbol whose address is not known on the server side must be stored in the device, leading to higher memory overhead.

Some solutions implemented with PIC loadable modules are SOS [7], which is able to dynamically load modules without a reboot, and [10], which focuses on safety-critical systems. Without PIC, Contiki [5] is also able to update applications without a reboot, but not the system core. A module is pre-linked with the core symbols in the update server, but the remaining linking is performed in-node. On SenSpireOS [3] the server receives ROM and RAM loading addresses from the device and pre-relocates the module before transmitting. FlexCup [15] adds modular update capability to TinyOS, but it demands a reboot after updates. Additionally, in order to cope with module dependencies and versioning, FiGaRo [18] proposes a solution on top of Contiki.

Virtual machine: Virtual machine bytecode is much more compact than native code. Therefore, it is often used to reduce the size and cost of transmission. The memory overhead of each application is lower than native code, but the virtual machine itself must also be considered. In fact, the processing overhead due to code interpretation at runtime mostly outweighs the costs saved in the transmission [6].

Maté [13] is a virtual machine built over TinyOS. It is able to update applications, but no lower level binary code (drivers, kernel, etc.), since virtual machines for resource-constrained devices usually are not able to perform operations on registers. Since it does not reboot after an update, it is also suitable for the application layer of dynamically composed systems.

2.2   Size Reduction

Optimizations on standard ELF: The standard ELF format is designed to work on 32-bit and 64-bit architectures. Therefore all the internal data structures are defined with 32-bit data types [1]. When the target device is 8-bit or 16-bit, the high 16 bits of the fields are unused. In order to avoid this waste of memory, some compact versions of ELF were proposed.

Contiki [5] uses the Compact ELF (CELF) format for dynamic linking and loading. A CELF file contains the same information as an ELF file, but with 8 and 16-bit data types. SenSpireOS [3] proposes Slim ELF (SELF), which changes the data types, just like CELF, and tailors the ELF relocation, string and symbol tables. The result is a format 15 %–30 % of standard ELF, 38 %–83 % of CELF.

Delta files: In the so-called incremental approach, only the differences between consecutive versions are transmitted with delta files. These files are actually diff-scripts, which are basically composed of two types of commands: COPY and ADD. The delta file and the old version are used to build new version in the device. COPY commands simply copy a chunk from the old version into the new version, and ADD commands insert content nonexistent in the old version. However, a small delta file does not mean low processing overhead in the device. For example, if the only change is the removal of the first byte of a module, a naive solution may shift the whole module in memory. Furthermore, whenever a symbol is placed in a different address, every piece of code that has references to it must be patched. Therefore, some work has been devoted to increase the similarity between two consecutive versions of code and avoid function shifts.

The RMTD [8] is a byte-level differencing algorithm, suitable for small pieces of code (the $O(n^2)$ space requirement makes it unsuitable to scale to large programs – 1.3 GB when comparing 100KB files, and around 5GB when comparing 200KB files [2]). R3 [2] proposes a method to achieve large similarity with low metadata overhead. To mitigate the function shift issue, Zephyr [20] uses a function indirection table (all function calls are indirected via fixed jump table slots to their implementations) and [11] uses slop regions after each function so that the address does not change when a function grows within the slop region.

Compression: This is yet another alternative for size reduction and can be used in addition to the aforementioned approaches. Design issues involved in adapting compression algorithms for energy-constrained devices are investigated in [22]. An implementation of the gzip algorithm on sensor nodes is done in [24].

2.3   Data Transmission

Often code dissemination over the network is necessary, as in Wireless Sensor Networks (WSNs). Efficient code dissemination protocols can save energy on transmission, as well as speed up the transmission process.

Deluge [9] uses a three-way handshake and NACK-based protocol for reliability, as well as segmentation into pages and pipelining for spatial multiplexing. MNP [12] addresses the problem of concurrent senders with a sender selection algorithm, that attempts to guarantee that at most one source at a time transmits in a neighborhood. ECD [4] considers link quality of 1-hop neighbors to improve the sender selection algorithm.

2.4   Installation

Installation is everything that happens after the update is fully received by a device and before the new version is ready to run. It can be divided in four major steps: i) make sure that the data is not corrupted and that it is a legit update; ii) configure related control blocks (from tasks, resources, etc.); iii) if the file is not yet an executable, build it based on the update (build new version from delta file and old version, and/or link and relocate the code); iv) load the executable file and add it to the ready queue.

2.5   Real-Time Awareness

The techniques listed so far are sufficient to dynamically compose non-critical systems in general, but fail on real-time systems, since none of them takes timing into consideration. In order to ensure that a system will remain real-time capable during and after any update, the update process must not interfere with any real-time tasks and must also ensure that no deadlines will be missed after the update. In other words, it must be non-intrusive and perform schedulability analysis.

Both [17] and [23] propose solutions for rate-monotonic scheduled systems. [17] is extremely simplified: the Worst Case Execution Time (WCET) of a new module is assumed to be lower or equal the old one and new modules are stored in the heap. On the other hand, [23] is more realistic: upon every update, there is a schedulability test to determine whether or not a new module can be accepted and the update process is assured to be finished within two hyper-periods. However, to the best of our knowledge, there are no approaches considering resource sharing or tasks synchronization mechanisms in the schedulability analysis.

3   Our Concept

As listed in Section 2, there are a number of works handling the different steps of remote updates. We will focus on the topic where there is lack of research: real-time capability assurance during and after updates, which can be an extra step in the installation. We will define a solution with a set of steps necessary to do it, and implement some variants of this solution, by assigning some steps to the device and others the server. Finally, we will define the minimum requirements of devices that are able to run each of the variants. For the update unit, we will use loadable modules without PIC.

3.1   Requirements

Direct server-device communication: Some of our solutions variants will send generic data to any device of a network; this is fine also on multi-hop networks, since the data would have to be disseminated just once. However, other variants will send data linked and relocated to fit in specific devices; a multi-hop network would thus have to disseminate individual data to each of the modules to be updated. Since that would lead to a very high traffic, what might not be acceptable, we propose a direct server-device communication.

Unintrusive update: As mentioned in Section 2.5, it is essential not to interfere with real-time tasks while updating the system, so the update task must run with lower priority. However, if the priority is too low and the CPU utilization is high, the update process might starve. In mixed criticality systems, we can assign an intermediate priority to the update task, higher than either all soft real-time tasks or all the best-effort tasks. The trade-off between update completion time and user experience will be taken into consideration to define the priority.

Low execution overhead: Ideally, the execution time of the dynamically composed system should be exactly the same as for the static system. However, indirections are inevitable, for example, to isolate the kernel from the applications (kernel jump tables) or to access global variables or functions using PIC. We will minimize this overhead by using as few indirections as possible, so our first design decision is not using PIC. For other indirections, we will analyze the trade-offs as we progress with the implementation.

Loose coupling: Kernel and applications will be completely isolated, so that an update in the kernel does not require the applications to be rebuilt. A classical strategy to obtain it is through a kernel jump table in a fixed position in memory, where pointers to all system calls are stored. Thus, upon changing the kernel, only the jump table must be updated. We will also investigate the feasibility of relocating the application code instead of using the jump table; it would be a more expensive update process, but we would save the indirections during normal operation.

Portability: We won't rely on special compilers or architectures feature; this is another reason why we will not use PIC. Also, we will stick to standards: we do not intend to modify the standard ELF format, compiler or linker.

Schedulability analysis: It must be possible to define whether or not a system will remain schedulable after any update. If an update is to break schedulability, it should be rejected. This is the step that demands the highest processing power; in a future work, we will analyze what are the minimum requirements of a device, so that it is able to run our schedulability analysis algorithms without compromising the normal operation of the system.

Easy programming: We aim to avoid specific restrictions and rules inherent to our approach, in order to reduce the learning curve of developers. Ideally, writing a program with our approach would be exactly the same as in the static approach. Some changes are inevitable though, for example, modules versioning and dependencies declaration.

3.2 Update Protocol

In order to avoid unnecessary traffic, there is firstly metadata exchange between update server and device to check the compatibility of the update; only if it is compatible, the binary is finally transmitted.

Compatibility is ensured by two properties: *pluggability* and *interoperability*. Pluggability is about checking if modules fit in the system; a new module is pluggable if there is enough RAM and ROM to load it and every symbol it references can be resolved; similarly, a module can not be removed if it is currently used by other ones, since they would become unpluggable. Interoperability is more related to the execution behavior; here is where the schedulability is checked, as well as possible starvations and deadlocks.

During the full procedure, memory, processing and transmission overhead will depend on how the steps are divided between servers and devices. Table 1 shows some possible implementations. Tasks that must be accomplished in every possible implementation are not considered as overhead, for example, loading the module on the device or storing the modules on the server. Some slight changes in the update protocol can decrease the overhead on devices, as shown in cases 2 and 3: instead of just signaling if there is enough memory, sending the load positions to the server enables it to perform relocation, so the devices are spared from this step. Due to the high memory and processing overhead, it is very unlikely that the last case will be used in real-time embedded systems.

Building customized modules at the server side for individual devices might not be the ideal solution if billions of devices are deployed – a realistic magnitude with the advent of the IoT. But storing too much metadata in resource constrained devices is not feasible either. Therefore, a trade-off between device overhead and server overhead must be met, and it depends on how powerful the devices and server are and how energy efficient the system must be.

Table 1. Examples of implementation variants

Case	Server knowl.	Server overhead	Device overhead	Data transmission
1	Full	Full metadata, compatibility checks, linking and relocation	None	Executable module
2	Global symbols	List of symbols per device, compatibility checks and linking	Memory layout information and relocation	Module size, enough memory flag and executable module
3	Global symbols	List of symbols per device, compatibility checks, linking and relocation	Memory layout information	Module size, memory load positions and executable module
4	None	None	Full metadata, compatibility checks, linking and relocation	Module metadata and executable module

3.3   Implementation

Metadata extraction: The metadata for linking and relocation is automatically generated by the compiler. Nevertheless, information about execution time and synchronization mechanisms still need to be extracted. We will write custom tools to extract such information from the source code and standard ELF file. From an individual loadable module (ELF relocatable file), it is possible to extract i) its priority and deadlines: explicitly declared in the code; ii) a parametrized number of cycles needed for execution: this number is obtained by summing the amount of cycles each instruction needs to run – the exact number of cycles can not be defined because the amount of iterations in a loop can not always be directly predicted, so the programmer will still need to provide some parameters in order to specify the WCET; iii) waiting points: every system call that can put the task in waiting state. From the source code, it is possible to check for inconsistencies in the synchronization mechanisms, like getting a resource and never releasing it. We are currently also working on related theoretical foundations and implementation for this purpose.

Execution model: The information extracted from individual modules will be used as base for an execution model. When the information about all modules that compose a system are put together, and the scheduling algorithm and resource management protocol are defined, it is possible to extract the remaining information, like waiting time (time waiting for a resource or event), interference (time in ready state, but not running due to higher priority tasks), and Worst Case Response Time (WCRT).

Execution simulation: The execution model will be used to simulate execution scenarios and define the WCRT for every task. If in at least one of the scenarios, the WCRT of any task is higher than the respective deadline, the system is not schedulable.

4   Conclusion

We have presented an overview on the state-of-the-art approaches to performe remote updates. The only approach not suitable for dynamically composed systems is replacing the full image of the devices with a new monolithic image, because it always demands a reboot, what might cause an unacceptable delay. There is still lack of research on dynamically composed real-time systems (systems that remain real-time capable during and after any update) and that is exactly our focus. Our main goal is the schedulability analysis during an update, considering resource sharing and synchronization mechanisms. Several solutions variants will be implemented, with different trade-offs among overhead in the devices, overhead in the server and size of the data transmission.

Acknowledgement
This research project was partially funded by AVL List GmbH and the Austrian Federal Ministry of Sciences, Research and Economy (bmwfw).

References

1. TIS Committee. *Tool Interface Standard (TIS) Executable and Linking Format (ELF) Specification Version 1.2.* TIS Committee, 1995.
2. W. Dong, C. Chen, J. Bu, and W. Liu. Optimizing relocatable code for efficient software update in networked embedded systems. In: *ACM Transactions on Sensor Networks (TOSN)*, 11(2):22, 2015.
3. W. Dong, C. Chen, X. Liu, J. Bu, and Y. Liu. Dynamic linking and loading in networked embedded systems. In: *Mobile Adhoc and Sensor Systems*. MASS'09. IEEE 6th International Conference, pp. 554–562, 2009.
4. W. Dong, Y. Liu, C. Wang, X. Liu, C. Chen, and J. Bu. Link quality aware code dissemination in wireless sensor networks. In: *Network Protocols (ICNP)*, 19th IEEE International Conference, pages 89–98, 2011.
5. A. Dunkels, B. Gronvall, and T. Voigt. Contiki-a lightweight and flexible operating system for tiny networked sensors. In: *Local Computer Networks*, 29th Annual IEEE International Conference, pages 455–462, 2004.
6. A. Dunkels, N. Finne, J. Eriksson and T. Voigt. Run-time dynamic linking for reprogramming wireless sensor networks. In: *Proceedings of the 4th international conference on Embedded networked sensor systems*, pages 15–28. ACM, 2006.
7. C.-C. Han, R. Kumar, R. Shea, E. Kohler, and M. Srivastava. A dynamic operating system for sensor nodes. In: *Proceedings of the 3rd international conference on Mobile systems, applications, and services*, pages 163–176. ACM, 2005.
8. J. Hu, C. J. Xue, Y. He, and E. H.-M. Sha. Reprogramming with minimal transferred data on wireless sensor network. In: *Mobile Adhoc and Sensor Systems, MASS'09*. IEEE 6th International Conference, pages 160–167. 2009.

9. J. W. Hui and D. Culler. The dynamic behavior of a data dissemination protocol for network programming at scale. In: *Proceedings of the 2nd international conference on Embedded networked sensor systems*, pages 81–94. ACM, 2004.

10. N. Kajtazovic, C. Preschern, and C. Kreiner. A component-based dynamic link support for safety-critical embedded systems. In: *Engineering of Computer Based Systems (ECBS)*, 20th IEEE International Conference and Workshop, pages 92–99, 2013.

11. J. Koshy and R. Pandey. Remote incremental linking for energy-efficient reprogramming of sensor networks. In: *Wireless Sensor Networks*, Proceeedings of the Second European Workshop, pages 354–365. IEEE, 2005.

12. S. S. Kulkarni and L. Wang. MNP: Multihop network reprogramming service for sensor networks. In: *Distributed Computing Systems (ICDCS 2005)*, Proceedings of the 25th IEEE International Conferencen, pages 7–16, 2005.

13. P. Levis and D. Culler. *Maté: A tiny virtual machine for sensor networks*. ACM Sigplan Notices, 37(10):85–95, 2002.

14. P. Levis, S. Madden, J. Polastre, R. Szewczyk, K. Whitehouse, A. Woo, D. Gay, J. Hill, M. Welsh, E. Brewer, et al. *Tinyos: An operating system for sensor networks*. Ambient intelligence, 35:115–148, 2005.

15. P. J. Marrón, M. Gauger, A. Lachenmann, D. Minder, O. Saukh, and K. Rothermel. Flexcup: A flexible and efficient code update mechanism for sensor networks. In: *European Workshop on Wireless Sensor Networks*, pages 212–227. Springer, 2006.

16. R. Martins Gomes, M. Baunach, L. Batista Ribeiro, M. Malenko, and F. Mauroner. A Co-Designed RTOS and MCU Concept for Dynamically Composed Embedded Systems. In: *13th Annual Workshop on Operating Systems Platforms for Embedded Real-Time Applications (OSPERT'17)*, June 2017. pages 41-46.

17. J. Montgomery. *A model for updating real-time applications*. Real-Time Systems, 27(2):169–189, 2004.

18. L. Mottola, G. P. Picco, and A. A. Sheikh. Figaro: Fine-grained software reconfiguration for wireless sensor networks. In: *Wireless Sensor Networks*, pages 286–304. Springer, 2008.

19. R. K. Panta and S. Bagchi. Hermes: Fast and energy efficient incremental code updates for wireless sensor networks. In: *INFOCOM 2009*, pages 639–647. IEEE, 2009.

20. R. K. Panta, S. Bagchi, and S. P. Midkiff. Zephyr: Efficient incremental reprogramming of sensor nodes using function call indirections and difference computation. In: *Proc. of USENIX Annual Technical Conference*, 2009.

21. R. K. Panta, I. Khalil, and S. Bagchi. Stream: Low overhead wireless reprogramming for sensor networks. In: *INFOCOM 2007*. 26th IEEE International Conference on Computer Communications, pages 928–936, 2007.

22. C. M. Sadler and M. Martonosi. Data compression algorithms for energy-constrained devices in delay tolerant networks. In: *Proceedings of the 4th international conference on Embedded networked sensor systems*, pages 265–278. ACM, 2006.

23. H. Seifzadeh, A. A. P. Kazem, M. Kargahi, and A. Movaghar. A method for dynamic software updating in real-time systems. In: *Computer and Information Science*. ICIS 2009. Eighth IEEE/ACIS International Conference, pages 34–38, 2009.

24. N. Tsiftes, A. Dunkels, and T. Voigt. Efficient sensor network reprogramming through compression of executable modules. In: *Sensor, Mesh and Ad Hoc Communications and Networks*, SECON'08. 5th Annual IEEE Communications Society Conference, pages 359–367, 2008.

Testmanagement in einem agilen Umfeld zur Entwicklung eingebetteter Systeme

Barbara Beenen

Beenen IT-Lösungen GmbH
Triftstraße 30, 21407 Deutsch Evern
barbara.beenen@bee-it.info

Zusammenfassung. Der tägliche Test im Rahmen des „nightly build"
ist unbedingter Bestandteil einer agilen Entwicklung. Wie stellt man
Testdaten auch für eingebettete Systeme, die nicht nur aus Software
bestehen, in einem automatisierten Testumfeld korrekt und rechtzeitig
bereit und wertet die Testergebnisse effizient und aussagekräftig aus? In
diesem Beitrag werden die Grundlagen eines automatisierten Testsys-
tems für eingebettete Systeme vorgestellt, verschiedene Möglichkeiten
der Realisierung aufgezeigt und die Integration in einen agilen Entwicklungsprozess erklärt. Dabei liegt der Schwerpunkt auf der praktischen
Anwendung und deren täglichem Einsatz. Ein praktisches Beispiel wird
vorgestellt.

1 Umfeld und Definitionen

1.1 Agiles Umfeld

In der agilen Software-Entwicklung [1], deren bekanntestes Umsetzungsmodell
SCRUM [3] ist, wird mit Hilfe von inkrementellem Vorgehen und geringem
bürokratischen Aufwand in kleinen Teams versucht, die Anforderungen an die
Software in kleinen Zeiteinheiten (sog. Sprints) mit dauernder Einbindung des
Auftraggebers zur Abstimmung der Anforderungen zu erfüllen. Dabei werden
die Anforderungen jeweils pro Sprint festgeschrieben und erst während der eigentlichen Entwicklung erarbeitet. Agile Entwicklung arbeitet iterativ mit einer
Planung über kurze Zyklen, integriert die neu entstandene Software täglich und
testet weitgehend automatisch, wobei der automatisierte Testprozess selbst sowie
seine Erstellung und Pflege Teil der Software-Entwicklung ist.

1.2 Agiles Testen

Agiles Testen ist Testen von Software im Rahmen eines agilen Prozesses. Dies
stellt durch die komplette Integration der Tester in die Software-Entwicklungs-
teams und die tägliche Ausführung der Tests andere Anforderungen an die Testumgebung und den Testprozess als die herkömmliche Entwicklung.

Die geänderten Anforderungen beziehen sich insbesondere auf die automatisierte Testdatenbereitstellung sowie die automatisierte Testausführung im Rahmen der ständigen Integration der erstellten Software. Auch die Testauswertung
erfolgt automatisch und wird optisch und semantisch aufbereitet bereitgestellt.

1.3   Agiles Testen im Umfeld eingebetter Systeme

Eingebettete Systeme besitzen durch ihre Kombination von Hard- und Software sowie erhöhte Anforderungen an Sicherheit, Reaktionszeiten und Belastbarkeit eine ungleich höhere Komplexität als reine Software-Anwendungen. Daher stellt das Testen dieser Systeme [2] in einem agilen Umfeld eine weitaus komplexere Aufgabe dar. Hier wird Hard- *und* Software gemeinsam getestet, mit einem möglichst großen Anteil an automatisierten Testfällen, integriert in einen dynamischen Prozess, der per se schnell und flexibel auf Änderungen reagieren soll und diese in großer Anzahl beinhaltet.

2   Motivation

Agiles Testen soll den agilen Entwicklungsprozess möglichst optimal unterstützen. Dazu gehört eine rechtzeitige Bereitstellung der Testergebnisse vor Ende jedes Sprints, ein durchdachtes Konzept zur Integration der automatisierbaren Testfälle mit den explorativen Testfällen, die innerhalb eines Sprints ausgeführt werden müssen, sowie eine effiziente und nachvollziehbare Bereitstellung von Testdaten, Dokumentation der ausgeführten Testfälle sowie deren Ergebnisse.

3   Prozess

Die Methode SCRUM bietet zur Erfassung des Testprozesses die in Tabelle 3 aufgeführten Checklisten an, die während der Sprints zum Einsatz kommen. Mittels dieser Checklisten und Meilensteine lässt sich der Testprozess sauber beschreiben – in der Praxis wird dieses Vorgehen allerdings oft nur mangelhaft umgesetzt, da es als zu aufwendig empfunden wird.

Tabelle 1. SCRUM-Checklisten für den Testprozess

Definition of READY (DoR)	Stellt Testbarkeit sicher Muss bei Übernahme der Story feststehen	Definition der Akzeptanzkriterien INVEST-Kriterien für Anforderungen Tester and product owner
Definition of DONE (DoT)	Testarten Testabdeckung Testendekriterien	Testziele
Definition of TEST (DoT)	Teststrategie Tools Vorgehen	Agile testing quadrant

Die agile Vorgehensweise auch im Testbereich erfordert ein neues Rollenverständnis der Tester, da diese nicht mehr wie in der klassischen Entwicklung möglichst getrennt vom Entwicklungsteam ihre Tests ausführen, sondern komplett in den Entwicklungsprozess integriert sind. Sie sind während der Entwicklung für die Erstellung und Pflege der Testfälle zuständig und – wie auch die Entwicklung selbst – sind diese öfter als im klassischen Prozess Änderungen unterworfen. Dabei spielt aber das Ergebnis der Tests eine wesentliche Rolle für die Qualität der Software und deren Dokumentation des Projektfortschritts, da die Anzahl der fehlerfreien Testfälle als Metrik für den Projektfortschritt betrachtet wird.

Dasselbe gilt auch für die Designer der Hardware und deren hardwarenaher Tests. Auch Design und Entwicklung der Hardware umfasst mehrere Prototypen und muss durch spezielle Schnittstellen sicherstellen, dass sie möglichst weitgehend automatisiert testbar ist. Das umfasst insbesondere die genaue Darlegung der Frage, inwieweit der Einbau von Testschnittstellen das Verhalten des Endsystems beeinflusst.

4   Aufbau

Der Aufbau eines Systems zum automatisierten Testen von Hardware mit eingebetteter Software unterscheidet sich grundlegend vom Aufbau reiner Software-Systeme. Das fängt bei der komplizierteren Testumgebung an, setzt sich fort mit der Anforderung, dass die Hardware „testbar" sein muss, und endet bei erweiterten Testkriterien wie Sicherheit, Redundanz und Echtzeitfähigkeit. Dazu kommen noch die Auswirkungen von Simulationen oder Treibern, sowie die Belastbarkeit von Hardware und Testmaterialien. Das in unserem Beispielprojekt eingesetzte Framework liefert eine komplette Unterstützung aller Arten von Tests in verschiedenen Ebenen wie dem Test von Hardware-Treibern, Tests der Steuerungslogik und Tests der Anwendungslogik (vgl. Abb. 1).

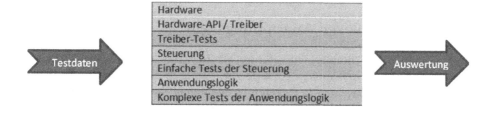

Abb. 1. Schichten eines eingebetteten Systems mit integrierten Tests

5   Tests von Hardware-Treibern und deren Schnittstellen

Das automatisierte Testen von Hardware-Treibern und deren Schnittstellen bietet sich hauptsächlich an, um Anforderungen an die Belastbarkeit der Hardware, ihre Stabilität, möglicherweise garantierte Antwortzeiten und zugesicherte Datenraten sicherzustellen. Hier können auch durchaus Lasttests zum Testen der eingesetzten Hardware implementiert werden. Ein konkretes Beispiel ist die Belastbarkeit einer steckbaren Ethernet-Verbindung, die mit zunehmender Menge an zusammengesteckten Modulen brüchig wurde und in ihrer Antwortzeit extrem einbrach. Im Rahmen des eingesetzten Frameworks können diese Tests, basierend auf C-Schnittstellen, einfach und schnell in automatisierte Testfälle umgesetzt werden.

6   Einfache Tests von Steuerungen

Tests einfacher Steuerungen basieren auf Abfolgen von simplen An- und Ausschaltbefehlen, Befehlen zur Erhöhung oder Verringerung von Drehzahlen, Ein- und Ausschalten von Schaltern oder LEDs sowie der Leuchtkraft oder Farbe von LEDs oder deren Blinkraten. Mit ihren einfachen Testabläufen sind sie, wenn eine entsprechende Schnittstelle des anzusteuernden Elements zur Verfügung steht, im Rahmen des eingesetzten Frameworks einfach und schnell in automatisierte Testfälle umzusetzen.

Ein einfaches Beispiel ist die Überwachung der Ansteuerung einer LED. Die automatische Abfrage ihres Zustands im Rahmen eines automatisierten Tests – leuchtend oder ausgeschalten – und ihrer Farbe – zum Beispiel gelb oder grün – kann auf verschiedene Arten realisiert werden: durch Abfrage der versorgenden Leitung auf Stromfluss, Abfrage des Zustandes der LED mittels deren Treiberschnittstelle oder von extern mittels optischer Sensoren, die die LED von außen überwacht. Alle Verfahren haben unterschiedlichen Einfluss auf das Antwortverhalten der LED – den geringsten, nämlich keinen Einfluss hat die Überwachung mittels optischer Sensoren von außerhalb, was aber auch die teuerste und aufwendigste Lösung ist.

7   Tests komplexer Anwendungslogik

Eine komplexe Anwendungslogik erfordert die Bereitstellung entsprechender Daten, die Umsetzung in komplexe Abläufe sowie deren punktgenaue Überwachung. Hier erfolgt die Abfrage der erwarteten Ergebnisse im Laufe der Testausführung und erfordert ein komplexes und detailliertes Wissen, ob und wie die Abfrage der Hardware unter Test das Systemverhalten beeinflusst. Dabei stehen insbesondere Verarbeitungszeiten von Zustandsabfragen sowie Bereitstellungszeiten für Testdaten zur Debatte. Wenn das eingebettete System harten Echtzeitanforderungen genügen soll, ist die Fragestellung ungleich komplexer.

Ein Beispiel für eine komplexe Anwendung ist ein typischer Testablauf für ein Gaserkennungsgerät. Hier wird über eine Schnittstelle des externen Konfigurationssystems das Vorhandensein eines Testgases simuliert. Das Gerät soll daraufhin optischen und akustischen Alarm auslösen sowie den Messwert auf dem internen Display anzeigen. Der zugrundeliegende Testfall ist relativ einfach, da die interne Schnittstelle das Simulieren des Testgases unterstützt. Aber die Komplexität liegt hier in der Überwachung aller geforderten Alarmsignale – die Abfrage der LEDs, der Display-Anzeige sowie der Lautstärke und Frequenz des akustischen Signals – sowie dem Verhalten des Geräts nach erfolgter Alarm-quittierung. Dies ist für dieses Gerät ein Standardtestfall, der durch komplexe Konfigurierbarkeit der Gerätesensoren und ihrer Alarmgrenzen mehrfach unter verschiedenen Bedingungen ausgetestet werden muss.

Ein weiteres Beispiel ist die Überwachung der Echtzeitfähigkeit. Wenn ein Gerät nicht innerhalb der definierten Zeit auf eine Anfrage antwortet, gilt der Testfall als nicht bestanden. Dafür wird mittels eines Timers die Antwortzeit überwacht und nach Ablauf des Timers der Testfall auf Fehler gesetzt.

8 Bereitstellung von Testdaten und Konfiguration des Testsystems

Das obige Beispiel einer komplexen Anwendungslogik zeigt, dass die Bereitstellung entsprechender Daten schnell und korrekt erfolgen muss. Im konkreten Fall geht es neben der Art des Testgases um dessen Konzentration, die Einstellung von Alarmgrenzen abhängig vom einzelnen Testfall sowie die genaue Dokumentation, wann mit welchen Testdaten und welcher Konfiguration welche Tests durchgeführt werden sollen. Dazu gehört natürlich auch die verwendete Soft- und Hardwareversion.

Zur Bereitstellung der Testdaten gehört auch, dass diese nach erfolgter Testausführung sorgfältig wieder abgeräumt werden, um das Systemverhalten nicht bei den folgenden Tests zu beeinflussen. Im konkreten Fall des Gasmessgeräts kann dies bedeuten, dass das Gerät zum Beispiel bei Verwendung eines echten Testgases nach Testausführung „freigespült" werden muss.

9 Auswertung und Dokumentation der Testergebnisse

Zu einer sinnvollen Testausführung gehört eine möglichst automatisierte und konsistent aufbereitete Auflistung der durchgeführten Tests und deren Ergebnisse. Grundsätzlich werden die Ergebnisse im XML-Format bereitgestellt und sind daher in nahezu jeder Form darstellbar. Im Kontext von Test-Frameworks hat sich hier die Darstellung in einer eigenen Benutzeroberfläche mittels eines „grünen Balkens" etabliert, der im Falle eines nicht erfolgreich getesteten Systems rot wird.

Diese Art der Aufbereitung wird von unserem eingesetzten Framework unterstützt. Zusätzlich sollten neben der Bereitstellung der Testergebnisse im XML-Format auch die zeitliche Abfolge der ausgeführten Tests zusammen mit der verwendeten Software- und Hardware-Version in einer Testdatenbank abgespeichert werden. So lässt sich pro Software-Version eine zeitliche Verbesserung oder Verschlechterung der Software-Qualität im Sinne der Metrik „erfolgreiche Testfälle" nachvollziehen – ein willkommener Parameter für den Projektfortschritt.

10   Beispiel für eine framework-basierte Lösung

An der kleinen in Abb. 2 dargestellten Demonstration wird der Einsatz eines Python-basierten Frameworks gezeigt. Es handelt sich um eine einfach Anwendung, die fünf Schalter und drei LEDs bedient und deren erwartete Werte in bestimmten gültigen Kombinationen abfragt. Als Basis dient ein Standard-Bausatz für Hardware.

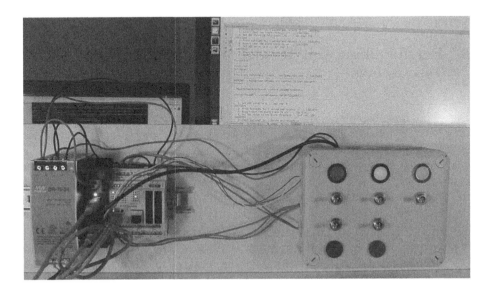

Abb. 2. Beispieldemonstration

In Abb. 3 sieht man sehr schön den Ablauf des Tests mit entsprechenden Assert-Anweisungen, die die Korrektheit der Ausführung prüfen.

11   Probleme und ungelöste Situationen

Die sich ergebenden Probleme sind angesichts der Komplexität der Anforderungen vorhersehbar. Die größte Herausforderung stellt die mangelnde Testbarkeit der Hardware dar, da diese entweder nicht unter Testgesichtspunkten entworfen wurde oder der Aufwand für die dafür erforderlichen Änderungen und Konzepte als zu hoch angesehen wird. Das bricht jedoch einem automatisiert testbaren System früher oder später das Genick.

Das zweite große Problem ist das Fehlen eines ausgewogenen Testkonzeptes, das festlegt, welche Teile eines Systems automatisiert getestet werden können und welche einen manuellen Test erfordern. Dabei ist natürlich das Ziel, die Anzahl der manuellen Tests so gering wie möglich zu halten. So gut wie immer sind diese jedoch im Bereich sich ändernder Benutzeroberflächen oder externer

```
class TestDemonstrator(DemonstratorTestCase):

    TICK = 1 # .05 works

    ...

    @htf.meetsDOORSRequirements("empty", "REQ_108", "REQ_110",
    "REQ_111", "REQ_112")
    def test_alarm_enable(self):

        with self.step("Set ADC value to 0"):
            self._device.set_adc_value(value=0)

        with self.step("Press button#2 for 1 second and release it"):
            self._device.press_button_2(1.0*self.TICK)

        with self.step("Assert that the alarm state is off"):
            self.assertEqual(self._device.get_alarm_state(), 0,
            "alarm state led is not off")

        with self.step("Set ADC value to full scale (255)"):
            self._device.set_adc_value(value=255)

        with self.step("Press button#2 for 1 second and release it"):
            self._device.press_button_2(1.0*self.TICK)

        with self.step("Assert that the alarm state is on"):
            self.assertEqual(self._device.get_alarm_state(), 1,
            "alarm state led is not on")

        with self.step("Set ADC value to 0"):
            self._device.set_adc_value(value=0)

        with self.step("Press button#2 for 1 second and release it"):
            self._device.press_button_2(1.0*self.TICK)

        with self.step("Assert that the alarm state is off"):
            self.assertEqual(self._device.get_alarm_state(), 0,
            "alarm state led is not off")

        ...
```

Abb. 3. Codestück der Beispieldemonstration

Systemanschlüsse erforderlich. Oft entstehen aber auch Situationen in besonders umfangreichen Projekten, in denen Teile sowohl automatisch als auch manuell getestet werden – was nicht der Sinn der Sache ist.

Das dritte Problem, das im agilen Bereich leider nahezu zwangsläufig ist, sind sich schnell ändernde Anforderungen. Die Komplexität eines Hardwaredesigns bedingt, dass dieser Entwurf nicht wirklich problemlos mit agilen Prozessen arbeitet, da sie zeitaufwendig und teuer sind. Kurzfristige Änderungen der Software schlagen direkt auf die Testfälle durch, die dann aber auf eine entsprechende Hardware-Unterstützung angewiesen sind, um automatisiert testen zu können. Fehlt diese, ist eine automatisierte Ausführung nicht möglich.

Zu guter Letzt wird gerne bei zunehmender Komplexität die Anzahl der automatisierten Testfälle zurückgefahren, da deren Erstellung als zu aufwendig angesehen wird, und durch zunehmend manuelle Tests ersetzt. Das entspricht nicht dem Prinzip der agilen Entwicklung und sollte vermieden werden.

12   Fazit

Der Einsatz eines agilen Testprozesses ist genau wie sein Pendant bei der Entwicklung im Bereich eingebetteter Systeme ungleich komplexer und schwerer umzusetzen als in der reinen Software-Entwicklung. Die Abstimmung von Hard- und Software erfordert weitreichendes Wissen über Testszenarien und deren mögliche Umsetzungsvarianten, sowie eine genaue und nachvollziehbare Dokumentation des Designs und dessen Prinzipien. Unit-basierte Testframeworks sowie Testdatenbanken mit intelligenter Unterstützung von Hardware-Anbindungen können diesen Prozess effektiv unterstützen, lösen aber nicht die grundsätzlichen Herausforderungen an das Design eingebetteter Systeme.

Literaturverzeichnis

1. K. Beck et al.: Manifest für Agile Softwareentwicklung,
   http://agilemanifesto.org/
2. St. Grünfelder: *Software-Tests für Embedded Systems*, 2. Auflage, Heidelberg: dpunkt.verlag 2017
3. K. Schwaber und J. Sutherland: Der Scrum Guide, 2016,
   http://www.scrumguides.org/

Video-Livestreaming von mobilen Geräten über Peer-to-peer-Netze

Thomas Birkenseer

Fakultät für Mathematik und Informatik
FernUniversität in Hagen, 58084 Hagen

Zusammenfassung. In diesem Beitrag wird die Entwicklung einer Peer-to-Peer Video-Livestreaming Anwendung mobiler Geräte vorgestellt. Vor allem Network Address Translation (NAT) stellt für die vorgesehenen Peer-to-Peer (P2P) Mechanismen eine große Hürde dar. Als Lösungsansatz wurde auf Basis des WebRTC Protokoll Stacks ein generisches Signaling Verfahren entwickelt. Die Performance des Algorithmus konnte mit der entwickelten Android-Applikation CamStreamer beurteilt werden.

1 Einleitung

Das Livestreaming von Videos mit Kameras mobiler Geräte wird immer beliebter. Nahezu jedes Smartphone bzw. Tablet ist mit einer hochwertigen Kamera ausgestattet, welche Videos aufnehmen und zur Verfügung stellen kann. Charakteristisch für diese und viele andere Videostreaming-Applikationen ist die Verwendung eines zentralen Servers, welcher die Video-Daten sammelt und den angemeldeten Usern zur Verfügung stellt. Dies birgt für die Betreiber der Server hohe Herausforderungen. Bei großer Nachfrage müssen die Betreiber mit hohen Kosten, verursacht durch das zur Verfügung gestellte Datenvolumen und starker Auslastung der Netzwerkinfrastruktur, rechnen. Mit dem Peer-to-Peer (P2P) Ansatz können diese zentralen Strukturen stark entlastet werden. Die Datenübertragung erfolgt dabei direkt zwischen den teilnehmenden Verbindungspartnern. Die zentrale Komponente ist nun lediglich für die Vermittlung der Teilnehmer zuständig.

Ziel der wissenschaftlichen Ausarbeitung [1] war es, eine Anwendung für mobile Geräte wie Smartphones oder Tablets zu entwickeln, die das Streaming von Videos untereinander, über einen möglichst dezentralen Ansatz zur Verfügung stellt. Diese Anwendung soll die Möglichkeit schaffen, ausgediente Smartphones und Tablets z. B. als Überwachungskamera einsetzen zu können, ohne auf teure Kauflösungen umsteigen zu müssen.

2 Theoretische Grundlagen

2.1 Problemstellung

Die Technik Network Address Translation (NAT) ermöglicht die Verbindung zweier IP-Adressräume untereinander, um öffentliche IP-Adressen außerhalb der

NAT mit Teilnehmern mit privaten Adressen innerhalb der NAT zu verbinden. Das NAT-Gerät, z. B. ein Router, transferiert jedes eingehende Netzwerkpaket auf die gewünschte private IP-Adresse. Die Sender IP-Adressen von ausgehenden Netzwerkpaketen werden wiederum in die öffentliche IP-Adresse umgewandelt. Dabei werden die Adressen und Ports der Empfänger bzw. Sender für ankommende bzw. ausgehende Pakete ersetzt. Das Mapping mehrerer IPv4 Adressen auf eine gemeinsame öffentliche IPv4 Adresse wird auch als NAT44 bezeichnet. Für P2P-Streaming Verfahren stellt NAT ein großes Problem dar.

Bei NAT unterscheidet man wiederum mehrere Klassifizierungen: Full Cone NAT, Address Restricted Cone NAT, Port Restricted NAT und symmetrisches NAT. [2] Diese beschreiben nach welchen Regeln ein Addressmapping im NAT erzeugt wird. Bei Full Cone NAT kann ein interner Teilnehmer immer über die gleiche externe Adress- und Portkombination kontaktiert werden. Bei Address Restricted Cone NAT ist der interne Teilnehmer erst erreichbar, sobald der interne Client ein Paket an die externe Adresse gesendet hat. Bei Port Restricted Cone NAT muss neben der externen Adresse auch zusätzlich der genaue Port kontaktiert werden, um eine Erreichbarkeit von außen zu gewährleisten.

Beim symmetrischen NAT wird jede ausgehende Verbindung eines internen Teilnehmers auf einen separaten externen Port abgebildet. Sobald ein interner Teilnehmer mit dem identischen externen Teilnehmer eine zusätzliche Verbindung zu einem neuen Zielport aufbauen möchte, wird ein weiteres Mapping erzeugt. Dadurch kann der externe Teilnehmer ein Paket nur an den Port senden, mit dem vorher vom internen Teilnehmer eine Verbindung aufgebaut wurde. Dies macht einen Verbindungsaufbau zwischen zwei Peers hinter einem symmetrischen NAT in einem P2P Netzwerk fast unmöglich. Jeder Peer benötigt den externen Mapping Port des NATs um eine Verbindung zum anderen Peer herstellen zu können.

Zudem muss eine weitere Variante, das sogenannte Carrier grade NAT (CGN), betrachtet werden. Dabei handelt es sich um eine Erweiterung des IPv4 Adressraums auf Seiten des Internet Service Providers (ISP). Bei CGN wird eine öffentliche Adresse des ISPs nicht nur einem, sondern mehreren Teilnehmern zugewiesen. Man spricht dann von NAT444 [3]. Es findet zunächst ein NATing auf der Seite des Endkunden zwischen dem eigenem, privaten und dem internen Netz des ISPs statt. Das zweite NATing wird nun beim Übergang vom internen Providernetz und dem globalen IPv4 Netzwerk durchgeführt. Neben den technischen Herausforderungen, die bereits bei NAT44 bestehen, ergeben sich weitere Hürden, die durch NAT444 auftreten können. Durch die Aufteilung einer IPv4 Adresse auf mehrere Clients reduziert sich die maximale Anzahl der zur Verfügung stehenden TCP/UDP Sessions pro Teilnehmer. Vor allem bei mobilen Netzwerken setzen die Provider verstärkt auf die Verwendung von CGNs. [4]

2.2 Traversal Techniken

Zur Lösung der NAT Problematik können die sogenannten Traversal Techniken eingesetzt werden. Sie beschreiben Methoden wie Verbindungen zwischen Peers über NAT automatisch hergestellt werden können. Die Verfahren sollten möglichst unabhängig von der verwendeten NAT Hardware und auch der eingesetzten NAT Klassifikation implementiert werden können. Zu den weit verbreiteten Traversal Methoden zählen Universal Plug and Play, NAT Port Mapping Protocol/Port Control Protocol, Connection Reversal, Hole Punching und Relaying.

Sowohl Universal Plug and Play Internet Gateway Device Protocol (UPnP IGDP) als auch NAT Port Mapping Protocol (NAT PmP) und dessen Nachfolger Port Control Protocol (PCP) arbeiten nach einem ähnlichen Funktionsprinzip. Alle drei Verfahren weisen per definiertem Protokoll den Router bzw. das NAT-Gerät dazu an, einen entsprechenden Port zu öffnen, um Anfragen aus dem Internet weiterzuleiten. Ein großer Nachteil der Verfahren ist die hohe Abhängigkeit zur Funktionalität des NAT-Geräts. Diese Traversel Techniken können nur angewendet werden, solange der Router das Protokoll unterstützt und dieses auf dem Gerät aktiviert ist. [5]

Bei Connection Reversal muss sich ein Teilnehmer außerhalb des NATs befinden. Teilnehmer A, welcher sich hinter einer NAT befindet, registriert nun seine öffentliche Adresse bei einem sogenannten Rendezvous Server. Beim Verbindungsaufbau von Teilnehmer B kann dieser wiederum die öffentliche Adresse von A am Rendezvous Server erfragen. Teilnehmer B teilt anschließend Teilnehmer A mit, ihn über den Rendezvous Server zu kontaktieren. [5]

Hole Punching beschreibt ein Verfahren, bei dem beide hinter einer NAT befindlichen Teilnehmer ihre Verbindungsinformation gegenseitig austauschen. Dazu wird ebenso ein externer Rendezvous Server verwendet. Dieser hat die Aufgabe die öffentliche Adresse, die private Adresse und den zugehörigen Port der Peers untereinander auszutauschen und das Mapping im NAT zu ermöglichen. Sobald das Mapping aufgebaut wurde, ist der Rendezvous Server nicht mehr notwendig. Als Nachteil von Hole Punching ist zu nennen, dass dieses für symmetrische NATs nicht geeignet ist, da jede Verbindung mit einem externen Teilnehmer auf einem anderen Port abgebildet wird. Die Umsetzung des Hole Punching Mechanismus erfolgt über das Session Traversal Utilities for NAT Protokoll (STUN). [2]

Beim Relaying nutzen die zwei kommunizierenden Teilnehmer einen weiteren Server außerhalb des NATs. Der Server empfängt die auszutauschenden Daten und leitet sie jeweils an den Zielhost weiter. Allerdings sind mit Relaying einige Nachteile verbunden. Es muss auf Serverseite mit erhöhter Rechnerauslastung und großem Datenaufkommen gerechnet werden. Zudem erhöht die Weiterleitung die Latenzzeiten und muss aus Sicht der Datensicherheit kritisch betrachtet werden. Mit Hilfe des Traversal Using Relays around NAT (TURN) Protokolls kann das Relaying umgesetzt werden. TURN stellt dabei eine Erweiterung des STUN Protokolls dar. Falls Hole Punching fehlschlägt wird auf den Relay Server zurückgegriffen.

Als Fazit lässt sich festhalten, dass der Einsatz eines einzigen Verfahrens meist nicht ausreicht, sondern eine Kombination von mehreren Techniken notwendig ist. WebRTC vereint die Verfahren Hole Punching und Relaying im sogenannten Interactive Connectivity Establishment (ICE) Protokoll und stellt somit eine probate Lösung dar.

2.3   WebRTC

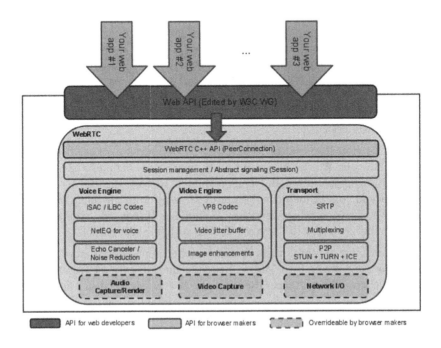

Abb. 1. WebRTC Protokoll Stack [8]

WebRTC (Web Real-Time Communication) beschreibt einen offenen Standard zur browserbasierten Echtzeitkommunikation. Die Standardisierung erfolgte sowohl durch das World Wide Web Konsortium (W3C) [6], als auch durch die IETF [7]. Ziel von WebRTC ist es eine einfache P2P Echtzeitkommunikation zu ermöglichen. Dazu fasst WebRTC eine Sammlung von Kommunikationsprotokollen und Programmierschnittstellen zusammen. Die Technologie ermöglicht dabei einen einfachen und sicheren Zugriff auf interne Systemkomponenten, wie Webcam und Mikrofon, ohne weitere Plugins im Browser installieren zu müssen. Insbesondere der von WebRTC zur Verfügung gestellte Protokoll Stack erlaubt die gesamtheitliche Lösung der NAT bzw. Firewall Problematik. WebRTC integriert dazu das ICE Protokoll und kombiniert dabei bestehende Protokolle wie STUN und TURN. Dabei wählt ICE den möglichst günstigsten Verbindungsweg. Dieser kann entweder per LAN Punkt zu Punkt Verbindung, Hole Punching oder Relaying erfolgen. Befindet sich der User z. B. in einem mobilen Netzwerk, welches typischerweise CGN verwendet, ist ein Relaying erforderlich.

Neben den Protokollen zur Übertragung von Daten bzw. Medien zwischen Peers, definiert WebRTC auch die Medien selbst. Die MediaStream API ermöglicht das Bereitstellen der Medien. Die integrierten Audio- und Video Engines sind für die Optimierung, Fehlererkennung und Synchronisation der Medienstreams zuständig. WebRTC verwendet die Video Protokolle VP8, VP9 und H264.

Die Architektur von WebRTC bietet zwei APIs an. Einerseits die Web API, welche für Web-Entwickler konzipiert wurde, um Echtzeitanwendungen direkt im Browser entwickeln zu können. Weiterhin wird auch eine WebRTC Native C++ API angeboten. Diese ist vorwiegend für die Entwickler für Browser vorgesehen, kann aber auch z. B. zur Integration von WebRTC in Android verwendet werden. [8] [9]

3   Konzeption

Ziel der Masterarbeit [1] war es, Android-basierte mobile Geräte, wie z. B. Tablets oder Handys, als Überwachungskamera einsetzen zu können. Dabei sollen die integrierten Kameras als Aufnahmegerät verwendet werden. Das aufgezeichnete Bild wird über die entwickelte Applikation auf die Clients übertragen. Die Übertragung findet per Wireless LAN (WLAN) oder mobiles Internet (3G/4G) statt. Zentrale Komponente ist dabei der WebRTC Protokoll Stack.

Die am Videostreaming teilnehmenden Geräte (Peers) können in zwei Rollen in der Applikation vertreten sein. Das mobile Gerät kann entweder die Rolle eines Servers oder eines Clients annehmen. In der Rolle des Servers stellt die Applikation die Videodaten für Clients zur Verfügung. Das gleichzeitige Bereitstellen des eigenen Videobildes und Empfangen von Videodaten war nicht vorgesehen. Zum Verbindungsaufbau der Beteiligten muss eine sogenannte Signalisierung stattfinden, bei der die ICE Nachrichten zur Ermittlung der bestmöglichen Verbindungsparameter ausgetauscht werden.

Wichtiger Bestandteil des Systementwurfs ist daher die Konzeption dieses Signalisierungsmechanismus. Das System besteht aus drei Hauptkomponenten, dem TURN-Server, dem SignalingServer und der Android-Applikation.

3.1   Signaling

WebRTC definiert die RTCSignalingState Statemachine [6], welche für die Erzeugung und Verarbeitung der Signaling Nachrichten zuständig ist. Diese erstellt `Offer`, `Answer` und `IceCandidate` Nachrichten, die zum Verbindungsaufbau zwischen den Peers notwendig sind. Jeder Peer muss diese Nachrichten generieren und seinem gewünschten Verbindungspartner mitteilen. Die Übermittlung übernimmt dabei der Signaling Algorithmus.

Da die Implementierung der Signalisierungskomponente nicht durch WebRTC vorgegeben ist, ist der Mechanismus frei wählbar. Es wurde deshalb die Zustellung der Signaling Nachrichten mit mehreren Technologien untersucht. Neben dem Austausch per XMLHttpRequest (XHR) und Websocket wurde auch die Cloud-Echtzeitdatenbank Firebase betrachtet. Für die Auswahl des Verfahrens spielten die Latenz, die Skalierbarkeit, die Infrastrukturanforderung, die Kosten und der Integrationsaufwand eine Rolle.

Eine Methode zur Bereitstellung des Signalings stellt die Realisierung per XHR dar. Die Kommunikation zwischen Server und Client findet bei XHR immer per Request/Response statt. Im Gegensatz zur XHR wird mit Hilfe eines Websocket eine bidirektionale Verbindung zwischen Client und Server, basierend auf dem TCP Protokoll, aufgebaut. Sowohl am Client als auch auf dem Server werden eintreffende Nachrichten eventbasiert, asynchron verarbeitet. Beide Technologien erfordern die Bereitstellung eines Servers. Dieser kann bei XHR als http Server und bei Websocket über Node.js betrieben werden.

Ein weiterer Ansatz zur Bereitstellung der Signaling Nachrichten ist die Verwendung von Clouddiensten. Es wurden dabei mögliche Cloud-Messaging Lösungen der Cloudplattformen Microsoft Azure, Amazon Web Services und Google Cloud Platform betrachtet. Die Auswahl wurde ferner auf den Dienst Firebase von Google eingeschränkt, da Firebase sehr einfach in Android-Applikationen integriert werden konnte.

Von den drei ausgewählten Technologien konnten Websockets und Firebase überzeugen, um zur Realisierung des Signaling Mechanismus eingesetzt werden zu können. Vor allem die sehr hohen Latenzen von XHR und der hohe Datenoverhead, der durch die Meldungen erzeugt wird, wurden als gewichtiger Nachteil gesehen. Ein Signaling über Firebase kann insbesondere in Android sehr einfach umgesetzt werden, da bereits einige Bibliotheken nativ im Android Betriebssystem vorhanden sind. Die Bereitstellung von Firebase ist durch einfache Anmeldung per Google Account abgeschlossen. Ein entscheidender Vorteil von Websockets ist die geringe Latenzzeit, da neue Nachrichten umgehend per Eventhandler verarbeitet werden.

Daneben wurde bei der Umsetzung ein Signalisierungsmechanismus im LAN per TCP/IP vorgesehen. Dies ermöglicht auch einen Verbindungsaufbau im lokalen Netzwerk ohne Zugriff auf externe Ressourcen bzw. eine Verbindung ins öffentliche Internet.

4   Realisierung

Im Folgenden sollen die Zusammenhänge der Hauptkomponenten der entworfenen Applikation CamStreamer erläutert werden. Die entwickelte Android Anwendung wurde in vier Hauptkomponenten, den `SignalingManager`, den `WebRTCManager`, den `VideoManager` und den `GUIManager`, unterteilt. Diese Komponenten werden über den `CamStreamerService` verwaltet. Der Android Service ist für die Kommunikation zwischen den Komponenten verantwortlich. Der `CamStreamerService` erhält Nachrichten von den übergeordneten Komponenten und ist für dessen Weiterleitung zuständig. Der `CamStreamerService` wird per Applikationsaufruf gestartet und bleibt als Hintergrundservice aktiv, solange eine Videobereitstellung entweder als `CamServer` oder der Videoempfang als `CamClient` erfolgt. Zudem muss eine Verarbeitung ein-

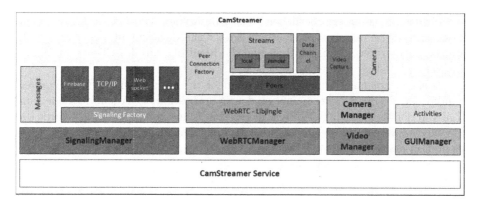

Abb. 2. CamStreamer - Applikationsarchitektur

gehender Signaling Nachrichten und das Kamera-Handling auch bei inaktiver Activity erfolgen.

Elementarer Bestandteil der Android Applikation ist die externe WebRTC Bibliothek `libjingle`. `libjingle` ist Bestandteil der WebRTC Chromium Library, welche vom Google Chrome Team entwickelt wird. [10] Die Bibliothek stellt die MediaStreams der Kameras zur Verfügung und enthält Statemachines zur Erzeugung und Verarbeitung der Signaling Nachrichten. Die Interaktion der Hauptkomponenten mit `libjingle` erfolgt über den `WebRTCManager`.

Der `SignalingManager` bildet eine generische Schnittstelle zum Transport der Signaling Nachrichten und stellt die Kommunikation zum Signalingserver her. Die Implementierung in der Applikation gestattet es, die vorgestellten Signaling Verfahren zu integrieren und diese auch zur Laufzeit auszutauschen. Damit können, z. B. abhängig von den Verbindungsinformationen, andere Signaling Verfahren gewählt werden. Die Entscheidung welcher Signaling Mechanismus verwendet wird, trifft der `SignalingManager`.

Der `VideoManager` und die beteiligten Komponenten sind für die Berechtigungsfreigabe, die Darstellung und die Weitergabe des Bildes der Kamera zuständig. Die Steuerung des Dialogverhaltens der Applikation erfolgt über den `GUIManager`.

4.1 Signaling

Jeder Client erhält beim Start der Application einen eindeutige Identifier (ID). Essentiell für die Nachrichtenverteilung ist die Identifikation des Nachrichtenempfängers und -senders, welcher durch die Client- bzw. Server-ID im Nachrichtenobjekt vorgesehen ist. Zur Verteilung wurde ein abstraktes Nachrichtenobjekt (`Message`) erstellt. Dieses enthält die grundlegenden Informationen und Funktionen, um eine zuverlässige Nachrichtenzustellung gewährleisten zu können. Die konkreten Nachrichten spezialisieren nun das `Message` Objekt und erweitern die Klasse um die notwendigen Informationen. Dabei wurden zunächst die für das Signaling erforderlichen Nachrichtentypen wie `Offer`, `Answer` und `IceCandidate` definiert. Zudem wurden `Init`-Nachrichtentypen vorgegeben, welche für den Verbindungsaufbau und die Identifikation des Clients am SignalingServer benötigt werden.

Je nach Implementierung des konkreten `Signalers` kann das erwartete Versandformat der Nachrichten nicht eindeutig vorbestimmt werden, da dieses zum Teil von der Realisierung des Signalingmechanismus abhängig ist. Es wurde daher ein Serialisierungsverfahren integriert, mit dem die Objektdaten der Nachrichten in ein übertragbares Textformat konvertiert werden können.

Die `Signaler`-Objekte besitzen zudem Stati, die Versand- bzw. Empfangsbereitschaft beschreiben. Diese sind notwendig, da ein `Signaler` nicht automatisch mit Objekterzeugung Nachrichten empfangen bzw. senden kann. Bei Firebase ist beispielsweise eine Authorisierung der Echtzeitdatenbank notwendig.

Die Implementierung des Signaling per Firebase wurde per Realtime Database durchgeführt. Mit Authentifizierung des Clients wird ein entsprechender Eintrag in der Echtzeitdatenbank erstellt. Die `SignalingMessages` werden dabei als JavaScript Object Notation (JSON) Objekte in der Datenbank abgelegt. Um aus dieser Daten abrufen zu können, müssen EventListener an die Datenbankreferenz angehängt werden. Sobald Änderungen in der Datenstruktur durchgeführt werden, wird ein Event in Android erzeugt und in eine `SignalingMessage` konvertiert.

Beim Signaling per Websocket muss zunächst eine Socket Verbindung hergestellt werden. Dazu wurde ein Server mit Hilfe von Node.js aufgesetzt. Der Client benötigt dazu zuvor die notwendige Hostadresse des Signaling Servers um eine Kommunikation per Websocket aufbauen zu können. Die Verteilung der Nachrichten an die angemeldeten Clients erfolgt durch eine serverseitige Implementierung auf Basis von Node.js.

5   Experimente und Ergebnisse

Im Rahmen der Masterarbeit [1] wurden zur Einordnung der Performance des entwickelten Signaling Algorithmus entsprechende Messungen durchgeführt. Die Leistungsfähigkeit des Signalings wurde an Hand der Laufzeit der versendeten `Messages` bestimmt. Ziel sollte es sein, mögliche Fehler und Verbesserungen des Algorithmus zu erkennen.

Zur Beurteilung wurden mehrere Messreihen mit drei Zielgeräten durchgeführt. Für den Test wurde ein Samsung Galaxy S6, ein Samsung Galaxy A3 (A300-FU) und ein ZTE Blade L3 verwendet. Dabei sollten Messungen auf Geräten unterschiedlicher Leistungsklassen erfolgen. Der Performancetest des Signaling erfolgte mit Hilfe der Integrationstestumgebung von AndroidStudio. Insgesamt wurden vier Messreihen pro Gerät aufgezeichnet. Dabei wurden jeweils zwei Messungen mit Signaling per Firebase bzw. Websocket Instanz durchgeführt. Die zwei Tests erfolgten dabei einerseits mit einer Verbindung ins mobile Datennetz per LTE/3G und andererseits per WLAN. Bei einer Messreihe wurde nun der

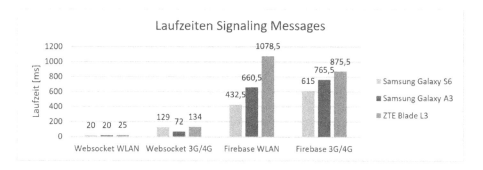

Abb. 3. Vergleich Laufzeiten Signaling Message

Versand aller Signaling Nachrichten durchgeführt, um den Verbindungsaufbau zwischen Server und Client zu simulieren. Dabei wurde die Laufzeit zwischen Versand der Nachricht und Ankunft beim Empfänger gemessen. Dies wurde pro Messreihe 100-mal wiederholt und anschließend der Median bestimmt.

Die gesamtheitliche Betrachtung des Signaling Verfahrens zeigte, dass die Signallaufzeiten beim Websocket Signaler deutlich niedriger als beim Firebase Signaler waren. Beim Websocket Signaler konnte eine weitaus höhere Abhängigkeit zur verwendeten Internetanbindung festgestellt werden. Die Laufzeiten zwischen WLAN und Anbindung per 3G/4G waren beim Websocket Signaler bis zum sechsfachen höher. Beim Firebase Signaler gab es zudem eine relativ hohe Abhängigkeit zur Performance des Testgeräts. Da die Laufzeiten am Anfang einer Messreihe deutlich niedriger als am Ende waren, zeigt sich somit aber auch, dass die Technologie schnelle Antwortzeiten zulässt.

6   Fazit und Ausblick

In der wissenschaftlichen Ausarbeitung [1] wurde die Applikation CamStreamer für Android Geräte entwickelt. Die Anwendung soll dabei im Kontext einer mobilen Überwachungskamera betrieben werden können. Dazu wurde der WebRTC Protokoll Stack verwendet. Insbesondere der generische Aufbau der entwickelten Android Bibliothek erlaubt die Erweiterbarkeit der Signalingverfahren, zur Lösung der NAT Problematik. Beispielsweise sind weitere Umsetzungen des Signalings über Clouddienste möglich und somit eine optimale Skalierbarkeit gegeben.

Der Verwendung der Bibliothek ist neben dem Videostreaming auch für andere Anwendungsbereiche denkbar. Ebenso wie beim Videostreaming sind auch P2P Netze, die zur dezentralen Verteilung von Daten eingesetzt werden können, von der Erreichbarkeit der teilnehmenden Clients abhängig. Somit spielt auch dort die Lösung der NAT Problematik eine wichtige Rolle. Die WebRTC Bibliothek erlaubt neben dem Videostreaming zwischen Peers auch die bidirektionale Übertragung beliebiger Daten über die sogenannten DataChannels. Durch die standardmäßige Verschlüsselung der Verbindung per Datagram Transport Layer Security (DTLS) ist eine sichere P2P Datenübertragung gewährleistet. Auf Basis des entwickelten Android Frameworks wäre die Umsetzung weiterer Applikationen in anderen Anwendungsbereichen, wie beispielsweise dem Content Sharing, möglich.

Literaturverzeichnis

1. Thomas Birkenseer: *Konzeption und Realisierung einer P2P-Video-Livestreaming-Anwendung von Kameras mobiler Geräte*, Masterarbeit, FernUniversität in Hagen, Hagen, 2017.
2. J. Rosenberg, J. Weinberger, C. Huitema, and R. Mahy: *STUN - Simple Traversal of User Datagram Protocol (UDP) Through, Network Address Translators (NATs)*, RFC Editor, 2003.
3. Anatol Badach and Erwin Hoffmann: *Technik der IP-Netze: Internet-Kommunikation in Theorie und Einsatz*, Carl Hanser Verlag GmbH & Co. KG, München, 3 edition, 2015.
4. Brian Aitken: *Mc/159 report on the implications of carrier grade network address translators*, 2013, http://stakeholders.ofcom.org.uk/binaries/research/technology-research/2013/cgnat.pdf (abgerufen am: 15.09.2016)
5. P. Srisuresh, B. Ford, and D. Kegel: *State of peer-to-peer (p2p) communication across network address translators (nats)*, RFC Editor, 2008.
6. Adam Bergkvist, Daniel C. Burnett, Cullen Jennings, Anant Narayanan, and Bernard Aboba: *Webrtc 1.0: Real-time communication between browsers*, 2016, https://www.w3.org/TR/2016/WD-webrtc-20161124/ (abgerufen am: 30.12.2016)
7. Ted Hardie, Cullen Jennings, and Sean Turner: *Rtcweb status pages: Real-time communication in web-browsers (active wg)*, 2011, https://tools.ietf.org/wg/rtcweb/ (abgerufen am: 24.09.2016)
8. Architecture | webrtc, 2017, https://webrtc.org/architecture/ (abgerufen am: 22.01.2017)
9. Alan B. Johnston and Daniel C. Burnett: *WebRTC: APIs and RTCWEB protocols of the HTML5 real-time web*, Digital Codex LLC, St. Louis, Mo., 3. ed., paperback ed. edition, 2014.
10. Google Inc.: *external/webrtc - git at google*, 2017, https://chromium.googlesource.com/external/webrtc (abgerufen am: 06.03.2017)

Echtzeit-Rückmeldung zu mittels MP4-Videostreams übertragenen Lehrveranstaltungen durch Bildschirmgesten

Alexander Schwab

Lehrgebiet Kommunikationsnetze
FernUniversität in Hagen, 58084 Hagen
alex.schwab@t-online.de

Zusammenfassung. E-Learning ist mittlerweile ein omnipräsenter Begriff in allen Bildungs- und Unternehmensbereichen und hat sich deutschlandweit zu einem enormen Wirtschaftszweig mit mehreren Tausend Festangestellten entwickelt. Der Trend in Richtung Massive Open Online Courses (MOOCs) und Inverted Classrooms lässt den Wunsch nach innovativen und technologiegestützten Möglichkeiten zur Qualitätsoptimierung von Lehrvideos laut werden. Mit der Konzeptionierung und Realisierung eines echtzeitbasierten Nutzer-Feedback-Systems, dem Online Feedback-System, soll genau diesem Wunsch gerecht werden. Das System stellt eine benutzerfreundliche und erfolgversprechendere Alternative zu herkömmlichen Evaluationsmethoden und -systemen dar, mit dessen Hilfe Videovorlesungen gezielt den Wünschen und Interessen der Studierenden angepasst und bestehende Qualitätsmängel beseitigt werden können.

1 Einleitung

Seit September 2011 werden im Lehrgebiet Kommunikationsnetze der Fern-Universität in Hagen vereinzelt Kurse als sogenannte Videovorlesungen angeboten. Es handelt sich hierbei um Aufzeichnungen von Vorlesungen, die mit Hilfe der Software „Camtasia-Studio" des Unternehmens „TechSmith" erstellt und den Studierenden als MP4-Videodateien über das Online-Informations- und Verwaltungstool „Virtueller Studienplatz" zugänglich gemacht werden.

Über diese Lernplattform können die Kursteilnehmer nun entweder die Videovorlesung manuell herunterladen und lokal abspielen, oder sich das Video sofort per Streaming innerhalb eines Webbrowsers ansehen. Diese Art des Lernens ist im Bereich Online-Lernen anzusiedeln und stellt eine spezielle Form der Organisation und Strukturierung von Lehr- und Lernveranstaltungen im E-Learning dar.

Am Ende eines jeden Kurses wird eine Lehrveranstaltungsevaluation, wie es auch in Präsenzveranstaltungen üblich ist, schriftlich in Form eines klassischen Fragebogens oder einer Online-Befragung durchgeführt. In dieser Befragung geben die Kursteilnehmer ein kurzes Feedback ab, was ihnen an der Lehrveranstaltung gefallen hat und was gegebenenfalls verbessert werden sollte. Hier sind auch detaillierte Korrekturvorschläge, wie z.B. Hinweise auf Fehler im Kurstext mit Seitenzahlangabe, möglich.

Vor allem im Hinblick auf die angebotenen Videovorlesungen ist ein solches Feedback zu oberflächlich. Die Wenigsten werden sich am Kursende an fehlerhafte oder unklare Stellen in den Videovorlesungen erinnern können. Daher ist eine solche Evaluation für den jeweiligen Dozenten häufig nur von geringem Nutzen.

Um die Qualität der Videovorlesung jedoch kontinuierlich zu verbessern und diese optimal an die Bedürfnisse der Lernenden anzupassen, ist eine unkompliziertere und detailliertere Alternative zu einem Fragenbogen oder einer Online-Befragung notwendig.

Daher wurde ein echtzeitbasiertes Nutzer-Feedback-System, das Online Feedback-System, implementiert, das den Studierenden schon während der Betrachtung der Videovorlesung im Webbrowser ermöglicht, fehlerhafte oder unklare Vorlesungsfolien mittels Bildschirmgesten zu markieren und das dem Dozenten anschließend automatisch mitteilt, dass an entsprechender Stelle ein Korrektur- bzw. Änderungsbedarf seitens der Studenten besteht. Die Eingabe der unterschiedlichen Bildschirmgesten erfolgt dabei mittels Touchscreen, weshalb ein berührungssensitives Endgerät vorausgesetzt wird.

2   Die Notwendigkeit von Evaluationen

Seit den ersten Bemühungen im Bereich computerunterstützten Lernens in den 80er und 90er Jahren, die sich anfangs nur auf den schulischen Bereich beschränkten, sich jedoch schnell auf alle Bereiche des Bildungssystems ausweiteten, fand innerhalb der letzten 20 Jahre ein grundlegender Wandel in der E-Learning-Brache statt. Der sprunghafte Anstieg neuer Technologieentwicklungen und die rasante Verbreitung des Internets beflügelten diese Phase des Umbruchs [1].

Mittlerweile ist E-Learning ein omnipräsenter Begriff in allen Bildungs- und Unternehmensbereichen und hat sich deutschlandweit zu einem enormen Wirtschaftszweig mit mehreren Tausend Festangestellten entwickelt, Tendenz steigend. Insbesondere der Evaluation von elektronischen Lernangeboten wird eine immer größere Bedeutung beigemessen. Generell versteht man hierunter die „systematische Sammlung, Analyse [..] [und] Bewertung von Daten zu einem Informations- bzw. Lernangebot mit dem Ziel, die Qualität dieses Lernangebots zu ermitteln, beurteilen oder zu verbessern" [1].

Aufgrund der enormen Bandbreite existierender Evaluationstechniken und -systemen wird im Rahmen dieser Arbeit der Fokus auf die Evaluierung von Lehrvideos, die zur Vermittlung von Wissen bevorzugt in Massive Open Online Courses (MOOCs) oder Inverted Classrooms eingesetzt werden, gelegt [1]. Der Trend in Richtung MOOCs und Inverted Classrooms lässt den Wunsch nach innovativen und technologiegestützten Möglichkeiten zur Qualitätsoptimierung von Lehrvideos laut werden. In diesem Zusammenhang spielt vor allem der Begriff „User-Tracking" eine entscheidende Rolle. User-Tracking ist eine „Evaluationsmethode, bei der der Computer das Verhalten des Nutzers im Umgang mit einem Programm protokolliert" [1].

Kim et al. protokollierten mit Hilfe solcher Trackingmechanismen verschiedenste Interaktionen zwischen den Lernenden und einem Videoplayer zum Abspielen von Lehrvideos. Zu den aufgezeichneten Interaktionen gehören das Starten, Stoppen oder Vor- und Zurückspulen eines Videos sowie das Überspringen bzw. Anspringen bestimmter Videopassagen. Zudem können Lernende über eine hierfür entwickelte Stichwortsuche, die ebenfalls ausgewertet wird, explizit nach bestimmten Videoinhalten suchen. Auf Basis der gesammelten Daten entwickelten Kim et al. verschiedene, auf die jeweiligen Lehrvideos abgestimmte Navigationstechniken. Hierzu gehörte zum einen die Visualisierung relevanter Videopassagen für alle Lernenden innerhalb der Navigationsleiste des Videoplayers, zum anderen das Erstellen kompakter Videozusammenfassungen basierend auf den protokollierten Interaktionsdaten [2].

Ähnlich ging auch Chorianopoulos bei der Identifikation relevanter Videoabschnitte vor, beschränkte sich hierbei jedoch auf die Protokollierung einfacher Navigationsinteraktionen mit dem Videoplayer und legte den Fokus auf die Darstellung dynamischer Zusammenfassungen von relevanten Videopassagen auf Basis von Einzelbildern [3].

Das von Risko et al. entwickelte „Collaborative Lecture Annotation System", kurz CLAS, basiert ebenfalls auf dem Prinzip des User-Trackings. Im Vergleich zu den vorherigen Methoden bzw. Systemen sind hier für die Identifikation relevanter Videopassagen die Studenten selbst verantwortlich. Diese können explizit per Knopfdruck dem System punktgenau signalisieren, dass die aktuelle Stelle im Video für sie von besonderer Wichtigkeit ist. Die protokollierten Daten aller Studenten werden gesammelt, ausgewertet und zu sogenannten „Points of interest" aller Nutzer zusammengefasst, die die häufigsten markierten Videopassagen repräsentieren [4].

Doch nicht nur die technischen Benutzerinteraktionen mit dem Lehrmaterial spielen eine wichtige Rolle im Kontext von Beobachtungen, sondern auch die Erfassung von Körper- und Blickbewegungen der Lernenden. „Blickbewegungen werden in der Evaluation vorrangig eingesetzt, um Aufmerksamkeits- und Verarbeitungsprozesse bei der Rezeption von Informations-, Lern- und Werbeangeboten zu analysieren und daraus Rückschlüsse auf eine optimale Gestaltung zu ziehen." [1].

Song et al. hingegen legte den Fokus auf die Körperbewegungen, hier im Speziellen auf die Kopfbewegung der Lernenden während dem Betrachten eines Lehrvideos. In Abhängigkeit der eingenommenen Position des Probanden passte das hierfür entwickelte System die Abspielgeschwindigkeit des Videos automatisch an. Erkennt das System, dass der Kopf nach unten geneigt ist, weil der Lernende sich eventuell Notizen zu der Vorlesung macht, wird die Abspielgeschwindigkeit dementsprechend reduziert. Lehnt sich der Proband hingegen entspannt zurück, wird die Geschwindigkeit erhöht. [5]

3   Konzept eines echtzeitbasierten Nutzer-Feedback-Systems

Das Ziel, das allen zuvor vorgestellten Evaluationstechniken und -systemen zugrunde liegt, ist die Identifikation jener Lehrvideosegmente, die für die Lernenden von besonderem Interesse sind bzw. als überflüssig empfunden werden. Das Identifizieren solcher Abschnitte erfolgt auf Basis umfangreicher Protokollierungen von Benutzerinteraktionen mit einem eigens hierfür entwickelten System und setzt umfassende, statistische Datenauswertungen voraus. Hierbei muss jedoch beachtet werden, dass die algorithmische Auswertung kein Garant dafür ist, Wichtiges von Unwichtigem zu unterscheiden.

Um die Qualität elektronischer Lernangebote dennoch kontinuierlich zu verbessern und diese optimal an die Bedürfnisse der Lernenden anzupassen, ist eine unkompliziertere und detailliertere Alternative zu Online-Befragungen und den Systemen von Kim et al., Chorianopoulos sowie Risko et al. notwendig. Aus diesem Grund wurde mit dem Online Feedback-System eine webbasierte Plattform implementiert, die den Studierenden schon während der Betrachtung der Videovorlesungen im Webbrowser ermöglicht, fehlerhafte oder unklare Vorlesungsfolien mittels Bildschirmgesten zu markieren und die dem Dozenten anschließend automatisch mitteilt, dass an entsprechender Stelle ein Korrektur- bzw. Änderungsbedarf seitens der Studenten besteht.

Die Eingabe der unterschiedlichen Bildschirmgesten erfolgt mittels Touchscreen. Obwohl die Eingabe auf berührungssensitive Endgeräte hin optimiert ist, unterstützt das System ebenfalls die Eingabe per Maus, um auch diejenigen Studierenden, die nicht über ein solches Endgerät verfügen, zu erreichen.

Das Online Feedback-System unterstützt folgende Bildschirmgesten:

Abb. 1. Bildschirmgesten

Zeichnen eines Kreises: Das Zeichnen eines Kreises signalisiert dem Lehrenden, dass an dieser Stelle der Vorlesungsfolie Klärungsbedarf seitens des Studierenden besteht. Zwar hat der Student die Thematik ansatzweise verstanden, benötigt jedoch zusätzliche Informationen zu deren vollständigen Klärung.

Zeichnen eines Kreuzes: Das Zeichnen eines Kreuzes signalisiert dem Lehrenden, dass an dieser Stelle der Vorlesungsfolie ein Verständnisproblem seitens des Studierenden besteht.

Unterstreichen: Wird der Inhalt einer Vorlesungsfolie unterstrichen, hat der Student den Folieninhalt verstanden, möchte jedoch, dass der Lehrende die Thematik detaillierter behandelt.

Das System wurde dahingehend entwickelt, dass die oben aufgeführten Bildschirmgesten jederzeit um weitere Gesten mit entsprechender Feedback-Semantik ergänzt werden können. Das Feedback-System ermöglicht es Studierenden Feedback in Form von Bildschirmgesten zu tätigen und somit direkten Einfluss auf die Gestaltung von Lehrvideos auszuüben.

Mit Hilfe der gesammelten Feedback-Daten kann der Lehrende die Videovorlesungen gezielt den Wünschen und Interessen der Studierenden entsprechend anpassen und bestehende Qualitätsmängel beseitigen. Die Integration der Studierenden in den Gestaltungsprozess von Lernmaterialien und die Möglichkeit, per Touchscreen über die Lernplattform mit den Lehrenden zu interagieren, erfüllt nach Arnold et al. den Aspekt der Interaktivität und hat somit positiven Einfluss auf die Lernleistung und die Motivation der Lernenden.

4 Gesamtaufbau des Online Feedback-Systems

Das nachfolgende Komponentendiagramm zeigt den Gesamtaufbau des Online Feedback-Systems, bestehend aus dessen Hauptkomponenten, deren Schnittstellen untereinander und den verwendeten Hardware-Komponenten.

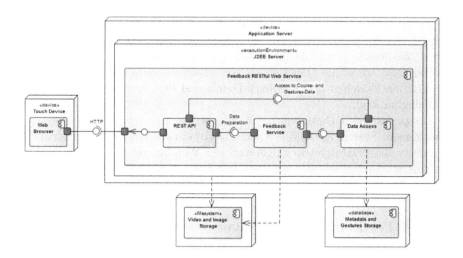

Abb. 2. Gesamtübersicht Feedback-System, entnommen aus [6]

Bei dem hier abgebildeten System handelt es sich um einen auf REST basierenden Web-Service, der eine möglichst plattformunabhängige und weitestgehend entkoppelte Realisierung erlaubt. Wie bei den meisten Web-Services ist eine Installation von Fremdsoftware auf dem Computer des Benutzers nicht notwendig, sondern es wird zur Nutzung des Systems lediglich ein entsprechender REST-Client, hier im Speziellen ein Webbrowser, benötigt.

Bei der Webanwendung selbst handelt es sich um eine Single Page Application (SPA), die dem Paradigma „Responsive Webdesign (RWD)" folgt und somit für Endgeräte unterschiedlichster Größe, wie beispielsweise Tablets oder Laptops, geeignet ist. Die während der Betrachtung der Videovorlesung getätigten Bildschirmgesten werden von dem Feedback Media-Player registriert und mittels Ajax im JSON-Format an den RESTful Web-Service übermittelt, der unter anderem für die weitere Verarbeitung sowie der persistenten Speicherung der gesendeten Feedback-Daten verantwortlich ist.

Die Systemkomponente „REST API" bildet dabei die externe Schnittstelle zwischen Feedback RESTful Web-Service und der Außenwelt. Über systemspezifische REST-Ressourcen wird die Funktionalität des Online Feedback-Systems dem Client zur Verfügung gestellt. Um entsprechende System-Ressourcen vonseiten des Clients aufrufen bzw. bearbeiten zu können, müssen diese gemäß den REST-Grundprinzipien eindeutig über eine HTTP-URI (Unified Resource Identifier) identifiziert werden können. Der eigentliche Ressourcenaufruf erfolgt anschließend über Ajax per HTTP-Request.

Das Herzstück des Online Feedback-Systems bildet die Komponente „Feedback Service". Die Aufgabe dieser Komponente besteht darin, alle eintreffenden Informationen, wie Bildschirmgesten oder Daten von neu angelegten Kursen, zu verarbeiten und mit Hilfe der „Data Access"-Komponente, die die Schnittstelle zur Datenbank darstellt, persistent zu speichern. Dazu gehört zum einen die Komprimierung der Feedback-Daten, um den gesamten Speicherplatzbedarf zu minimieren und zum anderen die Erkennung und Filterung der Bildschirmgesten. Zusätzlich steuert die „Feedback-Service"-Komponente den Upload neuer Videodateien sowie die Generierung von Metainformationen, die für die Synchronisation zwischen den Feedback-Daten und der jeweiligen Videovorlesung unabdingbar sind.

Zur persistenten Datenhaltung wurde neben dem relationalen Datenbank-Management-System (RDBMS) Apache Derby ein auf dem Betriebssystem Ubuntu aufsetzendes Dateisystem eingesetzt. Der Web-Service des Online Feedback-Systems wird innerhalb des weit verbreiteten Open-Source Anwendungsserver Apache Tomcat deployt, der vor allem auf Performance und Stabilität setzt.

5   Der Feedback Media-Player

Die Hauptfunktionalität des Online Feedback-Systems besteht darin, den Studierenden die Möglichkeit zu bieten, während der Betrachtung der Videovorlesung im Webbrowser, fehlerhafte oder unklare Vorlesungsfolien mittels Bildschirmgesten zu markieren. Damit der Media-Player in der Lage ist, diese spezielle Form des Benutzer-Feedbacks zu verarbeiten, wurde der ursprünglich in HTML5 integrierte Media-Player um die entsprechende Funktionalität erweitert. Abbildung 3 zeigt den schematischen Aufbau des modifizierten Feedback Media-Players.

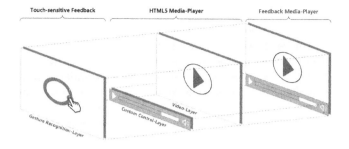

Abb. 3. Schichtenmodell des Feedback Media-Players, entnommen aus [6]

Die Unterteilung erfolgt in drei Schichten, wobei jeder Schicht eine andere Aufgabe zuteilwird. Die erste Schicht, die „Gesture Recognition"-Schicht, ist für das Erkennen und Versenden der Bildschirmgesten zuständig.

Sobald der Benutzer mit dem Markieren einer bestimmten Vorlesungspassage beginnt, startet die „Gesture Recognition"-Schicht die Aufzeichung der Benutzereingabe. Hierbei spielt vor allem das visuelle Feedback eine wichtige Rolle, dessen Ablauf in Abbildung 4 grafisch dargestellt ist. Sofern die Eingabe des Benutzers weiterhin andauert, werden alle bereits markierten Stellen orange dargestellt. Nach Beendigung der Eingabe, signalisiert ein Farbwechsel der jeweiligen Markierung dem Benutzer, dass diese erfolgreich an den Webservice übertragen und verarbeitet wurde. Die Darstellung einer erfolgreichen Gestenübertragung erfolgt durch den Farbwechsel von Orange zu Grün bzw. durch den Wechsel von Orange zu Rot bei einer fehlerhaften Übertragung. Generell genügt das System ausschließlich weichen Echtzeitanforderungen. Vereinzelte Überschreitungen von Zeitbedingungen hinsichtlich der Request-Verarbeitung resultieren lediglich in einer temporären, verminderten Dekreszenz der Benutzerfreundlichkeit.

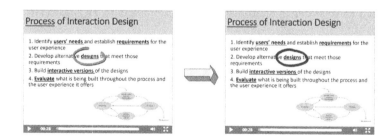

Abb. 4. Erfolgreiche Gestenübertragung

Nach Vollendung der Eingabe, wird nicht sofort mit dem Versenden der Bildschirmgeste begonnen, sondern der Benutzer hat die Möglichkeit, innerhalb einer bestimmten Zeitspanne, die Eingabe fortzusetzen. Nach Ablauf dieser Spanne ist die Benutzereingabe endgültig abgeschlossen. Dieses spezielle Verhalten hat einen einfachen Grund. Würde sofort versendet werden, wäre das Zeichnen mehrteiliger Bildschirmgesten nicht möglich. Um beispielsweise eine Vorlesungsfolie mit einer Kreuz-Geste zu versehen, ist es notwendig, im Zuge der Markierung, die Eingabe kurzeitig zu unterbrechen. Der Timeout unterbindet somit das sofortige Senden und ermöglicht die Verwendung mehrteiliger Bildschirmgesten innerhalb des Online Feedback-Systems.

Für das Vor- und Zurückspulen bzw. das Starten und Stoppen der Videovorlesung bietet die zweite Schicht, die „Custom Control"-Schicht, entsprechende Video-Steuerungselemente. Für die Videomanipulation ist eine entsprechende Schnittstelle, die HTML5 Media-API, notwendig, die den Zugriff auf alle HTML5 Video- und Audioelemente erlaubt. Die Wiedergabeposition ist bei der Synchronisierung zwischen Videovorlesung und Bildschirmgeste von essentieller Bedeutung. Nur mit Hilfe der Media-API ist es möglich, die aktuelle Wiedergabeposition des Videos auf die Millisekunde genau zu bestimmen und somit die jeweilige Bildschirmgeste der entsprechenden Videoposition zu zuordnen.

Die „Video"-Schicht ist ausschließlich für die Wiedergabe der eigentlichen Videodatei zuständig.

6   Der Synchronisierungsprozess

Die Schwierigkeit bei der Realisierung des Online Feedback-Systems besteht darin, Bildschirmgeste und Videovorlesung zu synchronisieren. Im Verlauf der Synchronisierung wird jeder Bildschirmgeste eindeutig der dazugehörige Videoframe zugeordnet. Nur mit Hilfe des Server-seitigen Synchronisierungsprozesses ist eine Client-seitige visuelle Darstellung der Bildschirmgesten, wie sie in untenstehender Abbildung zu sehen ist, möglich. Die Abbildung zeigt die Gestenverwaltung des Systems, die Benutzern erlaubt, sich alle bisher gespeicherten Bildschirmgesten einer bestimmten Videovorlesung in Form von Thumbnails anzeigen zu lassen und bei Bedarf zu löschen.

Für den Prozess der Synchronisierung werden folgende Bezugswerte benötigt:

– Zeitstempel der Bildschirmgeste
  • An welcher Wiedergabeposition des Videos erfolgte die Markierung per Touchscreen/Maus?
– Startzeitstempel des Videoframes (Einzelbild des Videos)
  • Ab welcher Wiedergabeposition des Videos beginnt ein neuer Videoframe?

Der erste Bezugswert, der Zeitstempel der Bildschirmgeste, wird mit Hilfe der HTML5 Media-API ermittelt. Die Bestimmung des zweiten Bezugswertes, der Zeitstempel des Videoframes, ist hingegen Gegenstand der Metadatengenerierung. Die Generierung der Metainformationen erfolgt innerhalb der Systemkomponente „Feedack Service" mit Hilfe des Java-Frameworks JavaCV. Auf Basis unterschiedlichster Open-Source Bibliotheken, wie OpenCV, FFmpeg oder FlyCapture, die vor allem aus dem Bereich Computer Vision stammen, bietet

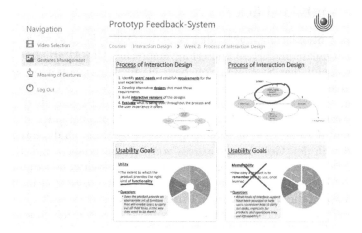

Abb. 5. Übersicht aller erfolgreich gespeicherten Bildschirmgesten eines Benutzers

das Framework unter anderem die Möglichkeit, über Java-Schnittstellen Audio-
und Video-Streams sowohl aufzuzeichnen, als auch zu analysieren, zu verarbeiten und zu manipulieren [7]. Insbesondere die Manipulation von Video-Streams
spielt bei der Generierung von Metadaten eine entscheidende Rolle.

Der nachfolgende Auszug aus der Datenbank zeigt exemplarisch diejenigen
Informationen, die während dem Hochladen einer neuen Videovorlesung generiert werden.

Tabelle 1. Zeittafel einer Videovorlesung

VIDEOFILEID	SLIDEPATH	SLIDENAME	START
1	\lecturefiles\1\1\slides	videoframe-1476716584169.jpeg	0.0
1	\lecturefiles\1\1\slides	videoframe-1476716586044.jpeg	15.0
1	\lecturefiles\1\1\slides	videoframe-1476716588333.jpeg	39.0
1	\lecturefiles\1\1\slides	videoframe-1476716591230.jpeg	137.5
1	\lecturefiles\1\1\slides	videoframe-1476716518346.jpeg	239.0
1	\lecturefiles\1\1\slides	videoframe-1476716519763.jpeg	301.0

Da es sich hierbei um Daten zur Beschreibung der Videovorlesungen handelt, werden diese Informationen auch als Metainformationen bzw. Metadaten
bezeichnet.

Anhand der Metadaten kann jedem Frame eindeutig ein eigener Gültigkeits-
bereich zugeordnet werden, dessen Anfangswert durch den eigenen Startzeitstempel und dessen Endwert durch den Startzeitstempel des darauffolgenden
Frames definiert ist. Liegt der Zeitstempel einer Bildschirmgeste innerhalb des
Gültigkeitsbereichs einer bestimmten Vorlesungsfolie, kann die jeweilige Geste
zweifelsfrei dieser Folie zugeordnet werden.

7 Fazit und Ausblick

Mit der Konzeptionierung und Realisierung des Online Feedback-Systems wurde eine deutlich unkompliziertere und erfolgversprechendere Alternative zu Online-Befragungen und den Systemen von Kim et al., Chorianopoulos sowie Risko et al. gefunden.

Mit Hilfe der gesammelten Feedback-Daten kann der Lehrende die Videovorlesungen gezielt den Wünschen und Interessen der Studierenden entsprechend anpassen und bestehende Qualitätsmängel beseitigen. Durch die Integration der Studierenden in den Gestaltungsprozess von Lernmaterialien und die Möglichkeit, per Touchscreen über die Lernplattform mit den Lehrenden zu interagieren, erfüllt den Aspekt der Interaktivität und hat somit positiven Einfluss auf die Lernleistung und die Motivation der Lernenden.

Die verwendeten Technologien und Frameworks sowie der architektonische Aufbau des Gesamtsystems bilden das Fundament zukünftiger Systemerweiterungen und tragen erheblich zur Vereinfachung der Wartbarkeit des Systems bei.

Im Verlauf der Systementwicklung haben sich einige Ideen herauskristallisiert, deren zukünftige Umsetzung für den Evaluationsprozess von großem Nutzen wäre.

Hierzu gehören zum einen statistische Auswertungen der von dem Feedback-System gesammelten Feedback-Daten, zum anderen die Möglichkeit, mit Hilfe neuer User-Trackingmechanismen zusätzliche Interaktions- und Nutzerdaten, wie das Lernverhalten oder die Lernzeit von Studierenden, zu sammeln, zu analysieren und in den Evaluationsprozess zu integrieren.

Literaturverzeichnis

1. Issing, Ludwig J.; Klimsa, Paul (Hg.) (2009): *Online-Lernen. Handbuch für Wissenschaft und Praxis.* München: Oldenbourg.
2. Kim, Juho; Guo, Philip J.; Cai, Carrie J.; Li, Shang-Wen; Gajos, Krzysztof Z.; Miller, Robert C.: Data-driven interaction techniques for improving navigation of educational videos. In: *UIST '14 Proceedings of the 27th annual ACM symposium on User interface software and technology*, Honolulu, Hawaii, USA, October 5–8 2014 S. 563–572.
3. Chorianopoulos, Konstantinos (2013): Collective intelligence within web video. In: *Human-centric Comput Inf Sci 3 (1)*, S. 10.
4. Risko, E. F.; Foulsham, T.; Dawson, S.; Kingstone, A. (2013): The Collaborative Lecture Annotation System (CLAS). A New TOOL for Distributed Learning. In: *IEEE Trans. on Learning Technol. 6 (1)*, S. 4–13.
5. Song, Sunghyun; Hong, Jeong-ki; Oakley, Ian; Cho, Jun Dong; Bianchi, Andrea: Automatically Adjusting the Speed of E-Learning Videos. In: *CHI EA '15 Proceedings of the 33rd Annual ACM Conference Extended Abstracts on Human Factors in Computing Systems*, Seoul, Republic of Korea - April 18-23, 2015, S. 1451–1456.
6. Schwab, Alexander; Chintakovid, Thippaya; Unger, Herwig (2016): *Online Feedback for Video Lectures.*
7. Priese, Lutz (2015): *Computer Vision. Einführung in die Verarbeitung und Analyse digitaler Bilder.* Berlin, Heidelberg: Springer Vieweg (eXamen.press).

Task-Migration in eingebetteten Mehrkernsystemen

Tobias Meier, Michael Ernst und Andreas Frey

Technische Hochschule Ingolstadt,
85049 Ingolstadt, Esplanade 10
{Tobias.Meier, Michael.Ernst, Andreas.Frey}@thi.de

Zusammenfassung. Der wachsende Funktionsumfang moderner eingebetteter Steuergeräte in der Automotive und Avionik Domäne bedeutet,
neben dem Zugewinn an Funktionalität, eine immer größer werdende
Diskrepanz zwischen benötigter und verfügbarer Rechenkapazität. Diesem Problem kann durch eine sinnvolle Verwendung der Rechenkapazität unter Berücksichtigung der Umgebungssituation entgegengewirkt
werden. In verteilten eingebetteten Mehrkernsystemen betrifft eine Änderung der Umgebungssituation mehrere Steuergeräte gleichzeitig und
erfordert daher eine koordinierte Reaktion aller Steuergeräte. Hierdurch
ist eine kooperative Verwendung der Rechenkapazität des Mehrkernsystems für alle Steuergeräte möglich. In diesem Beitrag wird ein bestehendes Konzept um einen hierfür notwendigen Migrationsprozess für Task
in einem Mehrkernsystems erweitert. Ausgehend von den Anforderungen
an diesen Migrationsprozess wird der Prozess definiert und anhand einer
Referenzimplementierung evaluiert.

1 Einleitung

In der Automotive und Avionik Domäne steigt, durch die wachsende Anzahl
an Assistenzsystemen und deren zunehmendem Funktionsumfang, der Bedarf
an Rechenkapazität der Funktionen kontinuierlich an. Derzeit steigen die Anforderungen an die Rechenleistung schneller an, als die verfügbare Rechenkapazität. Um diesem Problem entgegenzuwirken ist die alleinige Steigerung der
Rechenkapazität, aufgrund der engen Kostenstruktur, kein geeigneter Ansatz.
Eine Alternative ist es, bei der Verteilung der Rechenkapazitäten die Umgebungssituation [1] des Steuergerätes zu berücksichtigen. Hierbei werden Funktionen nur in den Umgebungssituationen ausgeführt, in denen sie ihre Aufgabe
erfüllen können (sinnvolle Verwendung der Rechenkapazität). Das in [2] vorgestellte Konzept für einen HAMS for Many-Core Systems (HAMS-MC), bietet
die Möglichkeit Umgebungssituationen in einem eingebetteten Mehrkernsystemen zu berücksichtigen. In diesem Beitrag wird das HAMS-MC Konzept um
eine Methode erweitert, einen bestimmten Verteilungsplan innerhalb eines verteilten Mehrkernsystems durchführen zu können. Hierfür werden zunächst die
Anforderungen aus der Problemstellung abgeleitet. Daran anschließend wird in
Kapitel 3 auf verwandte Arbeiten eingegangen. In Kapitel 4 wird das Konzept,

welches die genannten Anforderungen adressiert, vorgestellt. Abschließend erfolgt in Kapitel 5 eine Evaluation des Konzeptes.

2   Problemstellung

Der Bedarf an Rechenkapazität der Funktionen verändert sich dynamisch in Abhängigkeit zur momentanen Umgebungssituation. Eine Änderung der Umgebungssituation und eine damit einhergehende Umverteilung der ausgeführten Funktionen ist nicht auf einzelne Steuergeräte beschränkt, sondern betrifft alle Steuergeräte des verteilten Mehrkernsystems gleichermaßen. Die sinnvolle Verwendung der Rechenkapazität des Mehrkernsystems erfordert eine flexible Reaktion auf die auftretenden Umgebungssituationen durch einen geeigneten Verteilungsplan für alle Steuergeräte des Mehrkernsystems. Bezogen auf eine bestimmte Umgebungssituation entstehen hierbei freie Rechenkapazitäten, die mit der Durchführung des Verteilungsplans genutzt werden können. Für die Durchführung eines solchen Verteilungsplans, ist die Definition eins Migrationsprozess für eine Verschiebung von Tasks innerhalb des verteilten Mehrkernsystems notwendig. Dieser Prozess muss folgende Anforderungen berücksichtigt:

1. Während der Tasklaufzeit werden vom Task Informationen verarbeitet, die das Verhalten des Tasks beeinflussen. Diese Informationen dürfen durch eine Migration des Tasks auf ein anderes Steuergerät nicht verloren gehen.
2. Die Signalverarbeitung durch den Task ist während der Migration eingeschränkt. Es muss sichergestellt werden, dass durch die Migration kein Informationsverlust durch nicht verarbeitete Signale entsteht.
3. Die Interprozesskommunikation mit den Tasks ist von einer Migration des Tasks auf ein anderes Steuergerät betroffen. Die Kommunikationspfade des Mehrkernsystems müssen daher transparent für die Tasks an einen bestimmten Verteilungsplan angepasst werden.
4. Der Zeitpunkt einer Migration wird durch das Eintreten einer bestimmten Umgebungssituation bestimmt. Für eine zeitnahe Reaktion auf dieses Ereignis muss die Migration zur Laufzeit des Systems durchgeführt werden und automatisiert ablaufen. Die Migration muss die Anforderungen des Tasks sowie aller weiterer Tasks des Mehrkernsystems berücksichtigt.

3   Verwandte Arbeiten

Das Konzept für eine Task-Migration in verteilten eingebetteten Mehrkernsystemen basiert auf verschiedenen Forschungsergebnissen. Das folgende Kapitel gibt einen Überblick über diese Arbeiten.

Hierarchical Asynchronous Multi-Core Scheduler Um die verwendbare Rechenkapazität einzelner Steuergeräte zu steigern, schlägt Ernst et al. [4] ein Konzept für einen Hierarchical Asynchronous Multi-Core Scheduler (HAMS) vor. HAMS wurde entwickelt, um das Problem der statischen Ressourcen Allokation in eingebetteten Geräten durch ein event-getriebene Re-Konfiguration des Steuergeräts zu beheben. Das HAMS Konzept bietet die Möglichkeit, durch ein hierarchisches Scheduling Prinzip, einzelne Tasks situationsbasiert auf Basis der benötigten Rechenkapazität auf die einzelnen CPU Kerne des Steuergeräts zu verteilen. Hierfür besteht HAMS aus zwei Scheduling Ebenen (First Level Scheduler (FLS) und Second Level Scheduler (SLS)), sowie aus einer offline vorberechneten Wissensdatenbank (Knowledgebase). Die Re-Konfiguration wird durch Events der jeweiligen Tasks angestoßen und über den FLS an den SLS weitergeleitet. Der SLS ermittelt auf Basis dieses Events die neue Umgebungssituation und bestimmt anhand der Parameter aus der Knowledgebase die Verteilung der Tasks auf die einzelnen CPU Kerne. Für jede mögliche Umgebungssituation ist in der offline vorberechneten Knowledgebase eine gültige Verteilung von Tasks definiert, wodurch eine deterministische Ausführung der Tasks vor und nach der Re-Konfiguration berücksichtigt ist.

HAMS Communication API Für die Kommunikation innerhalb von HAMS wird, wie in [3] beschrieben, eine asynchrone Kommunikationsschnittelle, die HAMS Communication API (HAPI), eingesetzt. Für jede HAMS Komponente (Task, FLS und SLS) wird ein, bzw. für die jeweiligen Tasks mehrere, exklusive Channels erstellt. Mit Hilfe dieser Channels werden die Events des Tasks an den SLS bzw. die Steuerbefehle des SLS an die FLSs ausgetauscht. Die HAPI speichert diese Nachrichten in dedizierten Channels zwischen. Jeder Channel verwaltet die ihm zugeordneten Nachrichten selbständig und prioritätsbasiert. Falls Nachrichten mit gleicher Priorität vorliegen, werden sie nach dem First In First Out Prinzip behandelt.

HAMS for Many-Core Systems Das HAMS for Many-Core Systems (HAMS-MC) Konzept bietet die Möglichkeit, eine Änderung der Umgebungssituation gleichzeitig auf mehreren Steuergeräten (verteiltes Mehrkernsystem) zu berücksichtigen und somit die vorhandenen Rechenkapazitäten des gesamten Mehrkernsystems sinnvoll zu verwenden. HAMS-MC basiert, wie in [2] beschrieben, auf dem HAMS Konzept und erweitert dieses um einen Third Level Scheduler (TLS), welcher in einer Master und Slave Konfiguration eingesetzt wird. Zudem wird die Knowledgebase um Verteilungspläne erweitert, welche alle Steuergeräte des verteilten Mehrkernsystems berücksichtigt. Für eine bestimmte Umgebungssituation wird zentral durch den Master TLS ein bestimmter Verteilungsplan festgelegt und selbständig durch die Slave TLSs durchgeführt. Während dieses Prozesses erfolgt eine Überwachung der Re-Konfiguration durch den Master TLS.

user-directed Checkpointing Das Checkpointing beschreibt ein Verfahren, mit dessen Hilfe der Zustand eines Programms gesichert und wiederhergestellt werden kann. Plank et al. [5] unterscheidet hierbei, zwischen Verfahren die transparent für die Anwendung sind und user-directed Verfahren bei denen der Entwickler den Umfang des Checkpoints selbst definiert. Das Checkpointing wird in der von Plank et al. [5] vorgestellten Variante, vor allem bei nicht echtzeitrelevanten Anwendung eingesetzt die eine sehr lange Ausführungszeit haben. Durch zyklisch generierte Checkpoints ist es möglich, im Fehlerfall, die Anwendung ohne Informationsverlust ab dem letztem Checkpoint weiter auszuführen. Im Kontext von HAMS-MC bietet das user-directed Verfahren die Möglichkeit den Umfang des Checkpoints und damit den Zeitbedarf für die Erstellung und Wiederherstellung des Checkpoint zu verringern. Das Verfahren wird so angepasst, das ein Checkpoint nicht zyklisch sondern koordiniert durch den TLS erstellt wird.

4   Task-Migration in HAMS-MC

Um den Verteilungsplan mit dem sinnvollsten Einsatz der Rechenkapazität durchführen zu können, wird eine Möglichkeit benötigt Task innerhalb eines verteilten Mehrkernsystems zu migrieren. Das in diesem Beitrag vorgestellte Konzept berücksichtigt die in Kapitel 1 beschriebenen Anforderungen wie folgt.

1. Informationen und Zustände, welche der Task im Betrieb verarbeitet oder generiert, werden mittels eines Applikation Checkpointing Verfahren gesichert und wiederhergestellt.
2. Ein möglicher Informationsverlust wird während des Migrationsprozess, durch den Einsatz eines Task-Agent für die Sammlung der für den Task ankommenden Signale, berücksichtigt.
3. Über einen virtuellen Kommunikationsbus wird sichergestellt, dass die Kommunikation mit den Tasks an einen neuen Verteilungsplan angepasst werden kann.
4. Es wird ein event-getriebener Migrationsprozess für Mehrkernsysteme definiert. Dieser Prozess ermöglicht die Migration eines Tasks und kann zur Laufzeit des Systems durchgeführt werden. Hierbei wird ein Ablauf realisiert, der keine anderen Tasks verdrängt (geordnete Verteilung). Durch diese geordnete Verteilung wird das deterministische Verhalten andere auf dem System ausgeführter Tasks nicht verändert.

Die einzelnen Komponenten des Konzepts für die Migration von Tasks innerhalb eines verteilten Mehrkernsystems werden im Folgenden vorgestellt und erläutert.

4.1   Applikation Checkpointing

Für die Migration eines Tasks zwischen zwei lose gekoppelten CPU Kernen muss der Kontext des Tasks gesichert und wiederhergestellt werden. Für die Task-Migration in einem verteilten Mehrkernsystem ist dieses grundsätzliche Vorgehen ebenfalls anwendbar. Allerdings stellt die Wiederherstellung eines systemfremden Taskkontext auf dem Zielsteuergerät eine Herausforderung dar. Hardware abhängige Kontextinformationen wie z. B. Registerzustände oder Speicherbereiche können nicht oder nur durch eine zeitaufwändige Anpassung an das Zielsteuergerät übertragen werden. Das Konzept verringert diese Einschränkung durch die Reduzierung des zu übertragenden Taskkontextes auf die wesentlich zur Wiederherstellung benötigten Informationen und Zustände (Laufzeitinformationen). Gleichzeitig wird durch den geringeren Umfang des Taskkontextes die Übertragungszeit von Quell- auf Zielsteuergerät reduziert.

Die Laufzeitinformationen beschreiben die Informationen, welche minimal vom Task für eine Wiederaufnahme seiner Funktionalität benötigten werden. Sie werden während der Ausführungszeit durch den Task verarbeitet oder generiert. Ihr Umfang ist somit taskindividuell und muss während der Entwicklung des Tasks definiert werden. Für die Erstellung und Wiederherstellung der Laufzeitinformationen wird in diesem Konzept das user-directed Checkpointing Konzept (siehe Kapitel 3) eingesetzt.

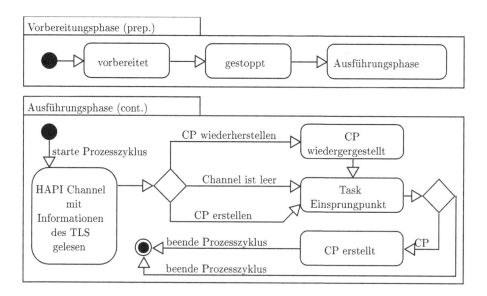

Abb. 1. Taskaufbau im HAMS-MC Konzept

Die Abbildung 1 beschreibt die Aufteilung der Wiederherstellungsdauer des Tasks in die beiden Teile Vorbereitungsphase (prep.) und Ausführungsphase (cont.), mit dem Ziel diese beiden Phasen hinsichtlich des Ausführungszeitpunktes und der Echtzeitprioritäten zu trennen. In der Vorbereitungsphase werden einmalig zeitaufwändige Tätigkeiten des Tasks, welche nicht mit Eichzeitpriorität ausgeführt werden müssen, durchgeführt. Hierunter fällt z. B. das Laden der Maschinenbefehle in den dafür vorgesehen Speicherbereich oder die Allokation von vordefinierten Speicherbereichen. Nachdem diese Tätigkeiten ausgeführt wurden, geht der Tasks in den Zustand gestoppt über, in dem er keine Rechenzeit benötigt. Der Tasks startet die Ausführungsphase, nachdem er durch das Betriebssystem (koordiniert durch den TLS) aufgeweckt wurde.

Die Ausführungsphase erweitert die Hauptfunktionalität des Tasks um die Komponenten des Applikation Checkpointing. Diese Phase wird zyklisch, unter der im Verteilungsplan definierten Deadline und Periode, ausgeführt. Ausgehend von den Informationen des TLS wird entschieden, ob ein Checkpoint (CP) wiederhergestellt oder am Ende der Ausführungsphase erstellt werden muss. Daran anschließen wird der Einsprungpunkt des Tasks ausgeführt, in dem die Hauptfunktionalität des Tasks enthalten ist.

4.2   Task-Agent

Um das Applikation Checkpointing Verfahren in verteilten eingebetteten Mehrkernsystemen einsetzen zu können, muss der Zustand des Systems während der Migration berücksichtigt werden. Der Zeitbedarf für eine Task-Migration zwischen zwei Steuergeräten ist im Vergleich zu einer Migration zwischen zwei CPU Kernen aufgrund der langsameren Kommunikation erhöht. Ab dem Migrationsbeginn können auftretende Signale nicht von dem zu migrierenden Task empfangen werden. Hierdurch entsteht ein möglicher Informationsverlust, der in diesem Konzept durch den Einsatz eines Stellvertreter-Tasks dem Task-Agent (TA) berücksichtigt wird. Dieser generische TA ist auf allen Steuergeräten vorhanden und wird anstelle des zu migrierenden Tasks auf dem Zielgerät ausgeführt. Der TA wird durch den TLS mit Parametern aus der Knowledgebase so konfiguriert, dass er alle auftretenden Signale für den zu migrierenden Task empfängt. Zudem wird der TA mit derselben Deadline und Periode wie der zu migrierende Task gestartet. Durch diese Echzeitkonfiguration ist es dem TA möglich alle für den Task bestimmten Signale zu empfangen. Diese Bedingung setzt voraus, dass auf dem Zielsteuergerät die für den TA notwendigen Kapazitäten vorhanden sind. Dies ist durch die Aktivierung des neuen Verteilungsplans vor der Ausführung des TA sichergestellt. Nach Abschluss der Migration werden die gesammelten Signale an den migrierten Task mittels der HAPI übergeben.

4.3   Virtueller Kommunikationsbus

Durch die Steuergeräte übergreifende Migration von Tasks, wird die Verteilung der Tasks auf die Steuergeräte verändert. Hierdurch ist eine Anpassung der statisch definierten internen und externen Kommunikationspfade der Tasks erforderlich. Dies betrifft nicht nur migrierte Tasks, sondern auch Tasks die mit einem migrierten Task kommunizieren. Um die Kommunikation der Tasks dynamisch an eine veränderte Taskverteilung anzupassen, wird ein virtueller Kommunikationsbus verwendet. Dieser Bus ermöglicht eine zentrale und für den Tasks transparente Anpassung der internen und externen Kommunikationspfade. Das Konzept für einen virtuellen Kommunikationsbus in HAMS-MC verwendet das in [6] beschriebene Konzept für einen Virtual Functional Bus. Die Anpassung dieses Konzepts an HAMS-MC sieht vor, die Interprozesskommunikation der Tasks über die HAPI zu realisieren. Unter Verwendung der Parameter aus der Knowledgebase können die Kommunikationspfade der HAPI durch den Slave TLS, an einer zentralen Stelle, an einen neuen Verteilungsplan angepasst werden.

4.4   Migrationsprozess

Der Migrationsprozess wurde mit dem Ziel entworfen den Zeitpunkt der Migration möglichst ans Ende des Prozesses zu verlagern, um dadurch die Laufzeit des TA so kurz wie möglich zu halten. Der Event getriebene Ablauf einer Migration zwischen zwei Steuergeräten wird im Folgenden anhand eines Beispiels vorgestellt. Hierbei wird der Task *T1* vom Quellsteuergerät *ECU 0* auf das Zielsteuergerät *ECU 1* verschoben. Im vollständigen Migrationsprozess des HAMS-MC Konzepts sind für die Identifikation der Umgebungssituation und Auswahl des Verteilungsplans noch weitere Komponenten (z. B. Master/Slave TLS und Knowledgebase) verantwortlich. Diese Komponenten werden bei der Fokussierung auf die Migration von Tasks nicht betrachtet.

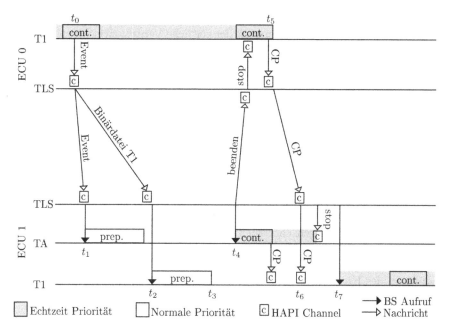

Abb. 2. Migrationsprozess in HAMS-MC ohne Re-Konfiguration

Migrationsablauf Ausgehend vom Zeitpunkt t_0, an dem ein bestimmtes Event durch den Task identifiziert wird, erfolgt die Übertragung des Events an das Zielsteuergerät *ECU 1*. Zum Zeitpunkt t_1 ist der TLS auf dem Steuergerät *ECU 1* über dieses Event informiert und stößt die Vorbereitungsphase (prep.) des TA an. Parallel hierzu wird die Übertragung der Binärdatei des Tasks an das Zielsteuergerät gestartet. Zum Zeitpunkt t_2 ist diese Übertragung abgeschlossen sowie der TA vorbereitet und die Vorbereitungsphase (prep.) des Tasks *T1* kann durch den TLS angestoßen werden. Dieser Vorgang ist zum Zeitpunkt t_3 abgeschlossen. Der Zeitpunkt t_4 definiert die Durchführung von drei gleichzeitigen Aktionen.

1. Der Verteilungsplan wird gewechselt. (nicht Teil der Abbildung 2)
2. Die Ausführungsphase des TA wird über einen Systemaufruf des Betriebssystems gestartet.
3. Die Ausführung des Tasks *T1* wird mittels einer Nachricht an den TLS auf *ECU 0* beendet.

Zum Zeitpunkt t_5 wird der CP des Tasks wie in Kapitel 4.1 beschrieben erstellt und an das Zielsteuergerät unter Verwendung der HAPI übertragen. Diese Übertragung ist zum Zeitpunkt t_6 abgeschossen. Daran anschließend, wird die Ausführung des TA durch den TLS beendet, woraufhin der TA seinen CP ebenfalls mittels der HAPI dem Task *T1* zu Verfügung stellt. Der Abschluss des Migrationsprozess erfolgt zum Zeitpunkt t_7 mit dem Einstellen des Tasks *T1* in den Schedule des Zielsteuergeräts. Hierbei werden die Echtzeitparameter des Tasks entsprechend des derzeit gültigen Verteilungsplans definiert.

Durch die Identifikation eines geeigneten Zeitpunkts für den Wechsel des Verteilungsplans durch den TLS entsteht der zeitliche Versatz zwischen t_3 und t_4. Für eine sofortige Ausführung des neuen Verteilungsplans müsste die Ausführung anderer auf dem System ausgeführter Task unterbrochen werden. Dies würde zu einem nicht deterministischen Verhalten der Tasks führt und ist daher nicht möglich.

5   Evaluation

Ziel dieses Kapitels ist es, die in Kapitel 1 identifizierten Problemstellungen und deren Behandlung durch das in Kapitel 4 vorgestellten Konzepts zu evaluieren. Hierbei sollen insbesondere folgende Fragestellungen untersucht werden:

1. Wie viele Zeit wird durchschnittlich für eine konkrete Migration eines Tasks benötigt?
2. Welchen Anteil an der Gesamtdauer der Migration haben die einzelnen Komponenten des Konzepts.
3. Inwieweit kann ein möglicher Informationsverlust über den Einsatz eines Task-Agent kompensiert werden?
4. Ist das Applikation Checkpointing Konzept geeignet, die Übertragungsdauer der Laufzeitinformationen zu minimieren?

Für die Evaluation des Konzepts wurden zwei identische ARMv7 Cortex-A9 basierte Pandaboards Rev. A4 Entwicklungsplattformen verwendet, welche mittels einem geswitchten 100BaseT Ethernet miteinander verbunden sind. Auf beiden Plattformen kommt ein Linux basiertes Betriebssystem in Verbindung mit dem RT-Preemption Patch zum Einsatz. Unter Verwendung dieser Hard- und Softwarekomponenten wurde das in Kapitel 4 beschriebene Konzept, sowie die Task-Migration relevanten Anteile des HAMS bzw. HAMS-MC Konzept, umgesetzt. Als Testmethode wird die Anwendung KernelShark eingesetzt, mit dessen Hilfe gezielte Laufzeitanalysen einzelner Tasks möglich sind. Für die Evaluation des Konzepts ist vor allem die Laufzeit der Kommunikation zwischen

ECU 0 und *ECU 1* relevant. Hierfür wurde systemübergreifende Zeitmessung mittels Oszilloskop eingesetzt. Im Folgenden werden die Durchschnittswerte der Messreihen angegeben und daran anschließend diskutiert.

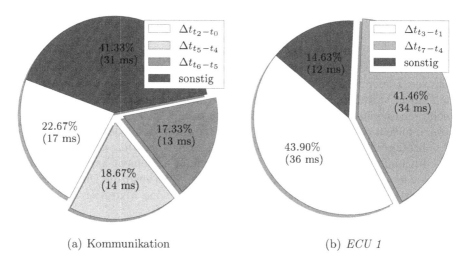

(a) Kommunikation   (b) *ECU 1*

Abb. 3. Prozentualer Anteil an Migrationsdauer

Die Messergebnisse in Abbildung 3 geben die Laufzeiten der relevanten Tasks auf dem Steuergerät *ECU1* bzw. der Kommunikation zwischen *ECU0* und *ECU1* in Millisekunden (ms) an. Durch die gewählte Darstellungsform werden die gewonnenen Ergebnisse in Relation zur Gesamtdauer der Migration im Zeitintervall $\Delta t_{t_7 - t_0} = 82\,ms$ gesetzt. Aus Abbildung 3(a) geht hervor, dass der Zeitbedarf für die Übertragung der Binärdatei im Zeitintervall $\Delta t_{t_2 - t_0}$ deutlich höher ist, als der Zeitbedarf für die Propagierung des Events an das Steuergerät *ECU1* im Intervall $\Delta t_{t_1 - t_0} = 7\,ms$. Dies ist rein auf die Größe der zu übertragenen Daten zurückzuführen. Die beiden hervorgehobenen Zeitintervalle $\Delta t_{t_5 - t_4}$ und $\Delta t_{t_6 - t_5}$ in Abbildung 3(a) definieren zusammen das Zeitintervall $\Delta t_{t_6 - t_4} = 27\,ms$ in dem davon ausgegangen wird, dass der Task *T1* nicht geschedult wird. Dieses Zeitintervall muss daher durch die Ausführung des TA überbrückt werden. In Abbildung 3(b) ist zu erkennen, dass die ebenfalls hervorgehobenen Ausführungszeit des TA diese Anforderung erfüllt. Die Differenz von 7 ms entsteht dadurch, dass der TA aufgrund seiner deterministischen Verhaltens nicht während seine Ausführungszeit unterbrochen werden darf und daher länger als notwendig ausgeführt werden muss. Die gewonnenen Daten belegen weiterhin, dass die gewählte Methode des Applikation Checkpointing geeignet ist, die Ausführungszeit des Tasks *T1* und des TA zu Verlagern. Als Vorteil dieser Methode entsteht, wie aus Abbildung 3(a) hervorgeht, eine Aufteilung der Übertragungszeit in Binärdatei und CP. Die als sonstig deklarierte Übertragungszeit in Abbildung 3(a) markiert den Anteil an der Migration, in der keine Kommunikation zwischen *ECU 0* und *ECU 1* erforderlich ist. Die sonstige Ausführungszeit in Abbildung 3(b) ist auf den Zeitbedarf für die Propagierung des Events bzw. auf die Identifikation eines geeigneten Zeitpunkts zum Wechsel des Verteilungsplans bezogen.

6   Zusammenfassung

Dieser Beitrag stellt einen Prozess für die Migration von Tasks, in eingebetteten verteilten Mehrkernsystemen, für eine sinnvolle Verwendung der Rechenkapazität vor. Dieser Prozess ermöglicht auf eine Änderung der Umgebungssituation mit einem Verteilungsplan zu reagieren, welche die Funktionen auf die vorhandenen Steuergeräte verteilt. Durch den Einsatz eines Task-Agent wird der Verlust von Informationen während einer Task-Migration vermieden. Der Ansatz des Application Checkpointing ist geeignet die Laufzeitinformationen des Tasks zu sichern und somit den relevanten Kontextanteil auf einem anderem Steuergerät wiederherzustellen. Die Evaluation des Konzepts zeigt die Durchführbarkeit des Prozesses und untersucht den Zeitbedarf für eine Migration anhand einer Referenzimplementierung.

Literaturverzeichnis

1. Gereon Weiss, Florian Grigoleit und Peter Struss: "Context Modeling for Dynamic Configuration of Automotive Functions", ITSC 2013, 2013
2. Meier Tobias, Ernst Michael, Frey Andreas und Hardt Wolfram: "Enhancing Task Assignment in Many-Core Systems by a Situation Aware Scheduler", Embedded World Conference 2017 Proceedings, 2017
3. Ernst Michael, Meier Tobias, Frey Andreas und Hardt Wolfram: "Phasenmanagement eines hierarchisch-asynchronen Schedulers für Mehrkernprozessoren", Internet der Dinge: Echtzeit 2016, 2016
4. Michael Ernst und Andreas Frey: "Hierarchisches asynchrones Multicore-Scheduling in hochintegrierten Software-Systemen", DLRK, 2015
5. James S. Plank, Micah Beck, Gerry Kingsley: "Libckpt: Transparent Checkpointing under Unix", USENIX Winter 1995 Technical Conference, 1995
6. Oliver Scheid: "AUTOSAR Compendium - Part 1: Application & RTE", CreateSpace Independent Publishing Platform, 2015

Ein Benchmarkgenerator zur Bewertung von WCET-Analysatoren

Christian Eichler

Lehrstuhl für Informatik 4
Friedrich-Alexander-Universität Erlangen-Nürnberg
eichler@cs.fau.de

Zusammenfassung. Die Einhaltung der von der Umwelt vorgegebenen Fristen ist eine der wichtigsten Eigenschaften von Echtzeitsystemen. Um Garantien für die Rechtzeitigkeit eines Systems geben zu können, werden Programme zur Bestimmung der maximalen Ausführungsdauer (engl. worst-case execution time, WCET) eingesetzt. Aufgrund der Komplexität der analysierten Soft- und Hardware treffen diese Analysatoren pessimistische Annahmen über das System und damit auch über die maximale Ausführdauer des analysierten Programms. Die Qualität der Abschätzung hängt dabei maßgeblich von der Präzision der eingesetzten Analysen ab. Für die Bewertung der Präzision der Analysatoren werden in Hochsprachen geschriebene Benchmarks genutzt. Da es im Allgemeinen nicht möglich ist das für die Bestimmung der WCET notwendige Wissen aus existierendem Quellcode abzuleiten, kann dessen tatsächliche WCET nicht bestimmt werden. Das Fehlen dieses Vergleichswertes verhindert eine präzise Bewertung auf Basis dieser Benchmarks.
Der präsentierte Generator GenE löst das Problem des fehlenden Wissens über den Benchmark durch die Generierung eines Benchmarks mit definierten Eigenschaften und bekanntem, längstem Ausführungspfad. Der tatsächliche Wert der WCET wird in einem nachgelagerten Schritt durch Messung dieses Pfades auf der Zielhardware bestimmt. Mithilfe der so von GenE erzeugten Benchmarks wurden die Analysatoren aiT und PLATIN bewertet.

1 Einleitung

Wissen über das zeitliche Verhalten von Programmen, insbesondere über deren maximale Ausführdauer (WCET), ist grundlegend für die Entwicklung von zuverlässigen Echtzeitsystemen. Typischerweise hängt der durchlaufene Ausführpfad von der Eingabe des Programms, wie beispielsweise von Sensorwerten, ab. Zur Bestimmung der maximalen Ausführdauer durch Messen ist es notwendig die Ausführdauer aller möglichen Pfade durch das Programm zu ermitteln. Hierfür ist eine vollständige Aufzählung aller möglicher Eingabewerte erforderlich. Dieser naive Ansatz ist aufgrund des großen Eingaberaums nicht praktikabel [1]: Für eine Eingabedatenbreite von n Bit müsste das Programm 2^n Mal ausgeführt werden, um alle Pfade abzudecken.

Existierende WCET-Analysatoren [2–4] umgehen dieses Problem, indem sie die WCET aus der Struktur des Programms ableiten. Unter der Nutzung von Wissen über das Verhalten der relevanten Programmstrukturen, wie bedingte Sprünge oder Schleifen, werden Informationen über den Kontrollfluss abgeleitet: die Flussinformationen. Dieses Wissen wird, in Kombination mit der Ausführdauer von Instruktionen der Zielplattform, zur Abschätzung einer oberen Grenze für die WCET genutzt. Der Grad des hierbei durch notwendige Vereinfachungen entstehenden Pessimismus hängt maßgeblich von der Präzision der durchgeführten Analysen und der Komplexität der analysierten Hardware ab. Oft ist es trotz moderner, hochpräziser Analysen nicht möglich akkurates Wissen über den Zustand der Hardware, wie den Inhalt von Caches oder der Pipeline, bei Ausführung einer bestimmen Programmstelle zu bestimmen. WCET-Analysatoren sind im Falle von fehlendem Wissen über den Systemzustand gezwungen pessimistische Annahmen zu treffen: Für die Dauer eines Speicherzugriffs muss ein Cache-Fehlschlag angenommen werden, falls ein Cache-Treffer nicht garantiert werden kann. Die Genauigkeit der eingesetzten Cacheanalysetechniken hat daher einen direkten Einfluss auf die Präzision der ermittelten WCET und ist infolgedessen Gegenstand aktueller Forschung. Im Rahmen der Evaluation wurden mittlere Überschätzungen der WCET von bis zu 300% beobachtet. Die Ergebnisse dieser Arbeit veranschaulichen das Verbesserungspotenzial der Analyseergebnisse.

Gängige Praxis zur Bewertung von Analysatoren und zur Einschätzung ihres technischen Fortschritts ist die Nutzung von Benchmark-Suiten [5]. Dieser Ansatz hat einen, für die Evaluation von WCET-Analysatoren, zentralen Nachteil: Die Genauigkeit, das ist das Verhältnis zwischen der ermittelten oberen Grenze und der tatsächlichen WCET, des zu untersuchenden Analysators kann nicht präzise bestimmt werden, da die tatsächliche WCET des Benchmarks unbekannt ist und auch der ungünstigste Eingabewert nicht angegeben wurde.

In dieser Veröffentlichung wird der Benchmarkgenerator GenE [6] präsentiert, der nicht nur Benchmarks mit bekannten Eigenschaften erzeugt, sondern zusätzlich Informationen über deren WCETs liefert. Um dieses Ziel zu erreichen, nutzt GenE parametrisierbare Programmbausteine, Schablonen, deren Eigenschaften bekannt sind. GenE setzt diese Bausteine so zusammen, dass die Ausführung des generierten Programms mit einem vorab definierten Eingabewert zum Durchlaufen des längsten Pfades und somit zur tatsächlichen WCET führt. In einem nachgelagerten Schritt bestimmt GenE die tatsächliche WCET durch Messung der Ausführdauer dieses längsten Pfades auf der Zielplattform. Neben Kenntnis der Flussinformationen, wie der maximalen Iterationszahl von Schleifen, und der daraus abgeleiteten WCET hat das Genieren den Vorteil, dass GenE Einfluss auf die Komplexität des Programms nehmen kann.

Im Rahmen der Evaluation wird gezeigt, dass GenE in der Lage ist, die Analysequalitäten zweier, dem Stand der Technik entsprechender, WCET-Analysatoren (das kommerzielle aiT [2] und das quelloffene PLATIN [3]) zu bewerten. Hierbei konnten bislang unbekannte Fehler in Form einer potentiell gefährlichen Unterschätzung der WCET durch das aiT-Werkzeug nachgewiesen werden.

2   GenE

In diesem Abschnitt wird die Funktionsweise des Benchmarkgenerators GenE vorgestellt. Abbildung 1 zeigt den Aufbau des Generators: Als Eingabe erhält GenE die gewünschten Charakteristika des zu generierenden Benchmarks, darunter die Zielplattform, das Pfadbudget, den Eingabewert, der zur längsten Laufzeit führen soll und den zu verwendenden Schablonensatz. Das Pfadbudget ist ein einheitenloser Zahlenwert, der die Anzahl der Instruktionen auf dem längsten Pfad durch das zu generierende Programm approximiert. In Abschnitt 2.1 wird die Nutzung des Pfadbudgets zur Generierung von Benchmarks mit bekannten Eigenschaften im Detail dargelegt. Wird der Benchmark auf der Zielhardware mit dem ungünstigsten Eingabewert aufgerufen, dann durchläuft er den längsten Ausführpfad, was zur maximalen Ausführungsdauer führt.

GenE enthält in seiner Schablonensammlung verschiedene Arten von Schablonen, darunter diverse Arten von Schleifen, bedingte Anweisungen und arithmetische Berechnungen. Um die Auswahl der Schablonen zu erleichtern, bietet GenE mehrere Schablonensätze die es erlauben gezielt Benchmarks mit bestimmten Eigenschaften, wie eingabeunabhängige Benchmarks mit genau einem Ausführpfad, zu generieren. Auf Basis dieser Konfiguration wird der Benchmark in einem dreischrittigen Prozess erzeugt:

1. Randomisierte Auswahl der nächsten Schablone
2. Einweben der Schablone in den Benchmark
3. Aktualisieren der gespeicherten Flussinformationen

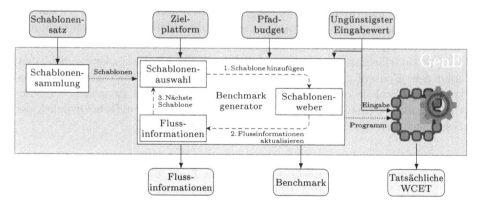

Abb. 1. Überblicksansicht des Benchmarkgenerators GenE

Im folgenden Abschnitt werden die zur Generierung notwendigen Schritte beschrieben, um Benchmarks mit vorab definiertem, ungünstigstem Eingabewert und bekanntem Aufbau zu erhalten. Darauf aufbauend wird die Bestimmung der tatsächlichen WCET durch Messung auf der Zielhardware dargelegt.

2.1 Generieren von Benchmarks mit bekannten Eigenschaften

Im Folgenden werden die zur Generierung eines Benchmarks mit bekanntem, längsten Ausführpfad und bekanntem Aufbau notwendigen Schritte beschrieben.

Generierung des längsten Ausführungspfades: Der Algorithmus zur Erzeugung des Benchmarks fußt auf dem Pfadbudget: Bei der Generierung erhält der Generator als Eingabe ein Pfadbudget, welches mit jeder in den Benchmark eingewobenen Schablone um einem der Parametrisierung der Schablone entsprechenden Wert reduziert wird. Mithilfe des Pfadbudget ist GenE in der Lage kritische Programmkonstrukte, wie beispielsweise if-else-Verzweigungen, gezielt so zu konstruieren, dass ein bestimmter Pfad durch den Benchmark die längste Ausführdauer aufweist, während alle anderen Pfade garantiert kürzer sind.

Dies wird durch *Übergewichtung* realisiert: Der längere Fall erhält ein um den Übergewichtungsfaktor $\mathcal{O}$ größeres Pfadbudget als der kurze Fall. Abbildung 2 verbildlicht dieses Konzept anhand einer if-else-Verzweigung: Ziel des Generators ist es, eine Verzweigung mit einem Pfadbudget von 1010 zu generieren. Die Auswertung der Bedingung verbraucht ein Budget von 10, das verbleibende Budget von 1000 wird nun einem der zwei Pfade zugewiesen. Um sicherzustellen, dass der andere Pfad auf der Zielhardware die kürzere Ausführungsdauer aufweist, erhält er ein um Faktor $\mathcal{O} = 10$ kleineres Pfadbudget von 100.

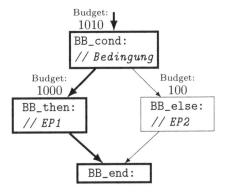

Abb. 2. Beispiel für Übergewichtung anhand einer if-else-Verzweigung

Die Modellierung anderer Programmkonstrukte, wie beispielsweise Schleifen, folgt dem Konzept der Approximation der ausgeführten Instruktionszahl: Das durch eine Schleife mit N Iterationen verbrauchte Budget entspricht der Summe des pro Durchlauf des Schleifenkörpers verbrauchten Budgets zuzüglich der Schleifenkosten durch Auswertung der Abbruchbedingung.

Generierung von Benchmarks mit bekannten Eigenschaften: Um Benchmarks mit bekannten Eigenschaften generieren zu können, setzt GenE auf wohlbekannte, parametrisierbare Programmbausteine: die Schablonen. Teil der Schablonensammlung sind arithmetische Berechnungen und Speicheroperationen, aber auch Schablonen mit Einfluss auf den Kontrollfluss, wie if-else-Verzweigungen, Pfade gegenseitigen Ausschlusses und diverse Schleifenarten.

Um komplexe Benchmarks generieren zu können, erzeugen Schablonen weitere Einfügepunkte. Diese werden rekursiv mit weiteren Schablonen aufgefüllt, bis das jeweilige Pfadbudget aufgebraucht ist. Abbildung 2 illustriert dieses Vorgehen anhand einer if-else-Verzweigung: Wird diese Schablone erzeugt, so wird

je ein Einfügepunkt, dargestellt durch *EP1* und *EP2*, pro möglichem Pfad angelegt. Diese Einfügepunkte werden im Folgenden mit weiteren Schablonen befüllt,
bis das jeweilig verbleibende Pfadbudget aufgebraucht ist.

2.2   Bestimmung der längsten Ausführungsdauer

Wie in Abschnitt 2.1 beschrieben, generiert GenE einen Benchmark, dessen
längster Ausführungspfad nach Eingabe eines vorab festgelegten Eingabewertes
durchlaufen wird. Ein exakter Wert für die WCET des Benchmarks kann daher
durch Messung der Ausführdauer dieses längsten Pfades auf der Zielplattform
bestimmt werden. Diese Art der Ermittlung der WCET garantiert im Vergleich
zu modellbasierten Ansätzen höhere Zuverlässigkeit [7], da er auf dem genaues-
ten zur Verfügung stehenden Modell beruht: der ausführenden Zielplattform
selbst [8].

3   Implementierung

Der in Abschnitt 2 vorgestellte Benchmarkgenerator GenE basiert auf dem Com-
piler-Infrastrukturprojekt LLVM [9]. Die von GenE generierten Benchmarks werden auf der Ebene der Zwischensprache LLVM-IR (LLVM intermediate repre-
sentation) erzeugt und sind daher nahe am Maschinencode, jedoch unabhängig
von der Zielplattform. Diese Plattformunabhängigkeit ermöglicht eine einfache
Integration neuer Hardwarearchitekturen in GenE, da große Teile des Codes
wiederverwendet werden können.

   Die Abbildung der Flussinformationen von LLVM-IR auf Maschinencode
wird im folgenden Abschnitt 3.1 beschrieben. Im daran angeschlossenen Abschnitt 3.2 werden die Besonderheiten des Einwebens von Schablonen (unter
Berücksichtigung von Seiteneffekten) präsentiert.

3.1   Erhaltung der Flussinformationen & Kontrollflussrelationen

Detailliertes und korrektes Wissen über den generierten Benchmark ist unabdingbar für die Analyse von WCET-Analysatoren. GenE generiert Benchmarks
und damit auch sein Wissen auf Basis der LLVM-IR. Das Erhalten aller Flussinformationen beim Übergang von LLVM-IR auf Maschinencode ist eine Herausforderung, da Optimierungen des Übersetzers, wie das Entrollen von Schleifen,
Veränderungen am Kontrollfluss des Programms vornehmen können. Da GenE auf Pfaden unterschiedlicher Länge basiert, muss insbesondere sichergestellt
werden, dass die in LLVM-IR generierten Pfade nach der Transformation in
Maschinencode weiterhin vorhanden sind und die erwartete Länge besitzen.

   GenE nutzt Kontrollflussrelationsgraphen [10] für die Überwachung dieser
Transformationen. Diese Graphen bieten einen formalisierten Weg, um Flussinformationen von LLVM-IR-Ebene auf die Maschinencodeebene abzubilden und
ermöglichen es GenE so, Benchmarks architekturunabhängig zu generieren, ohne
dabei Wissen über den Benchmark einzubüßen.

```
1  void iofunc() {
2      static bool initialized = false;
3      if(!initialized) {              1  for(int i=0; i<5; ++i) {
4          // ...Initialisierung...    2      iofunc();
5          initialized = true;         3  }
6      }
7      // ...Code...
8  }
```

Abb. 3. Notwendigkeit der Modellierung von Seiteneffekten

3.2 Seiteneffekte beim Einweben von Schablonen

Seiteneffekte, wie beispielsweise die Modifikation von globalen Variablen, können einen Einfluss auf den Programmfluss und damit auf die durchlaufenen Basisblöcke, das verbrauchte Budget und die WCET des generierten Benchmarks haben. Abbildung 3 illustriert diesen Effekt anhand einer in Anlehnung an die C-Syntax geschriebenen Funktion mit Initialisierungscode: Die Funktion `iofunc` durchläuft in ihrem ersten Aufruf den durch die globale Variable `initialized` geschützten Initialisierungscode. In allen darauffolgenden Aufrufen wird der Initialisierungscode nicht erneut ausgeführt. Wird diese Funktion in einer Schleife aufgerufen, so unterscheidet sich das Verhalten des ersten Durchlaufs von allen nachfolgenden Durchläufen. Daher müssen Seiteneffekte dieser Art beim Generieren berücksichtigt werden, um korrekte Budgetkalkulationen zu erhalten.

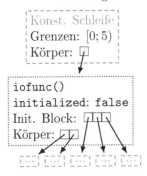

Abb. 4. Deskriptoren zum Beispiel aus Abbildung 3

Zur Modellierung solcher Seiteneffekte und der sich daraus ergebenden Modellierung des Systemzustands setzt GenE Schablonendeskriptoren ein. GenE erzeugt, neben der LLVM-IR des Benchmarks, einen der konkreten Parametrisierung der Schablone entsprechenden Deskriptor, der das Verhalten des generierten Codes simuliert. Abbildung 4 zeigt den zum Code aus Abbildung 3 zugehörigen Baum aus Schablonendeskriptoren: Der Deskriptor der Schleife mit konstanter Obergrenze enthält die Deskriptoren aller in den Schleifenkörper hineingenerierten Schablonen, im Beispiel den Aufruf von `iofunc`. Dieser wiederum enthält die jeweiligen Deskriptoren der in `iofunc` eingefügten Schablonen. Das durch diese Schleife konsumierte Budget und die durchlaufenen Basisblöcke werden in einem an den Generierungsprozess angeschlossenen Simulationsschritt ermittelt: Für jede der fünf Schleifeniterationen wird die Ausführung der Funktion `iofunc` simuliert. Die Simulation des ersten Aufrufs der Funktion umfasst hierbei den Initialisierungscode und aktualisiert die globale Variable `initialized`. Die nachfolgenden Simulationen der Funktion `iofunc` erkennen, dass die Initialisierung bereits durchgeführt wurde und berücksichtigt so den globalen Programmzustand bei der Budgetkalkulation.

4 Evaluation

Für die in den folgenden Abschnitten gezeigten Experimente wurden zwei unterschiedliche Plattformen und CPU-Architekturen eingesetzt:

Cortex-M4-Setup: Die primäre Evaluationsplattform besteht aus dem Infineon XMC4500 Entwicklungsboard mit einem ARM Cortex-M4 Prozessor. Der 32-Bit-Prozessor nutzt eine 3-stufige Pipeline, 4 KB Instruktionscache (2-fach satzassoziativ, LRU-Verdrängungsstrategie) und 1024 KB Flashspeicher. Die CPU arbeitet mit einem Takt von 120 MHz. Im Rahmen der Evaluation wurden 20 dieser Boards parallel betrieben, um die Evaluationsdauer zu reduzieren.

Patmos-Setup: Um PLATIN auf einer zweiten Hardwareplattform evaluieren zu können, wird der zyklengenaue Simulator pasim für den zeitlich vorhersagbaren Patmos Prozessor [11] genutzt. Der Prozessor besitzt in seiner, im Zuge der Evaluation von GenE genutzten, Standardkonfiguration 2 kB Datencache, 2 kB Instruktionscache und eine Frequenz von 80 MHz.

4.1 Validieren von GenE

In einem ersten Schritt wurden die erwarteten Eigenschaften der von GenE generierten Benchmarks überprüft.

Überprüfen der WCET: Da für die Bewertung von WCET-Analysatoren das Zusammentreffen von ungünstigstem Eingabewert und der WCET von besonderem Interesse ist, wurde eine vollständige Pfadaufzählung durchgeführt. Dabei wurde überprüft, dass es keine Eingabewerte gibt die zu einer längeren Ausführdauer führen als der zuvor festgelegte Eingabewert.

Da eine vollständige Pfadaufzählung für GenEs Standardeingabedatenbreite von 32 Bit (entsprechend 2^{32} möglichen Eingabewerten) nicht realisierbar ist, wurden für diese Evaluation Benchmarks mit einer reduzierten Eingabelänge von 20 Bit genutzt. Diese Beschränkung ermöglicht eine vollständige Pfadaufzählung durch Ausführen des Benchmarks mit allen 2^{20} möglichen Eingabewerten.

Abbildung 5 zeigt die Frequenz über der in Zyklen angegebenen Ausführdauer für das Patmos-Setup: Der von GenE generierte Benchmark weist ein breites Spektrum an Ausführungszeiten auf, was die Vielzahl der unterschiedlichen Ausführungspfade durch den Benchmark verdeutlicht. Ebenfalls aus Abbildung 5 ist ersichtlich, dass keine gemessene Ausführdauer die von GenE bestimmte WCET überschreitet.

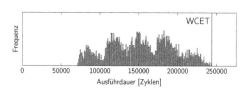

Abb. 5. Vollständige Pfadaufzählung für Eingabebreite von 20 Bit auf Patmos.

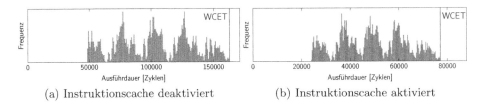

(a) Instruktionscache deaktiviert   (b) Instruktionscache aktiviert

Abb. 6. Vollständige Pfadaufzählung für Eingabegröße von 20 Bit auf Cortex-M4.

Abbildung 6 zeigt die Ergebnisse der vollständigen Pfadaufzählung für den Cortex-M4 mit deaktiviertem beziehungsweise aktiviertem Instruktionscache. In beiden Fällen entspricht die tatsächliche WCET der von GenE bestimmten WCET. Die Aktivierung des Instruktionscaches halbiert die maximale Ausführdauer, hat aber keinen Einfluss auf die Validität des generierten Benchmarks.

Überprüfung der Reproduzierbarkeit: Da GenE zur Bestimmung der tatsächlichen WCET auf genaue und reproduzierbare Messungen der Ausführungszeit angewiesen ist, muss die zugrunde liegende Hardwareplattform deterministisches Verhalten aufweisen. Um potenzielle Variabilität der Hardware zu erkennen, wurde die vollständige Pfadaufzählung aller 2^{20} Pfade eintausend Mal wiederholt. Im Rahmen dessen wurden zwischen den Messwerten der einzelnen Messdurchläufe keine Schwankungen festgestellt.

Sowohl die Reproduzierbarkeit der Messungen, als auch die durch die vollständige Pfadaufzählung verifizierten Eigenschaften des durch GenE generierten Benchmarks untermauern die Validität des Ansatzes.

4.2   Bestimmung der Genauigkeit von WCET-Analysatoren

Während bisherige Benchmark-Suites lediglich den eigentlichen Benchmark und einige Flussinformationen auf Programmiersprachenebene bieten, liefert GenE nicht nur den Benchmark, sondern zusätzlich die tatsächliche WCET des generierten Benchmarks (siehe Abschnitt 2). Im Rahmen der Evaluation der WCET-Analysatoren aiT und PLATIN wurden die ermittelten Abschätzungen der WCET mit der tatsächlichen WCET verglichen und daraus die relativen Genauigkeiten der Analysatoren berechnet.

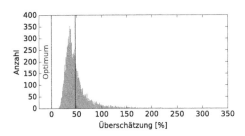

Abb. 7. PLATIN für Patmos

Um einen präzisen Einblick in die Analysegenauigkeit von sowohl aiT, als auch PLATIN zu bekommen, wurden je 10 000 Benchmarks generiert und für Patmos und den Cortex-M4 analysiert. Alle Benchmarks wurden mit einem Pfadbudget von 10 000, einem Übergewichtungsfaktor von 25, allen verfügbaren Schablonen und einer Eingabedatenbreite von 32 Bit generiert.

Abbildung 7 zeigt die Anzahl der Benchmarks über der jeweiligen, prozentualen Überschätzung für Patmos. PLATIN liefert hier eine minimale/mittlere/maximale Überschätzung von 13%/48%/599%. Auf dem Cortex-M4 liefert PLATIN (siehe Abbildung 8) bei deaktiviertem Instruktionscache eine mittlere Überschätzung von 96% mit einer minimalen (maximalen) Überschätzung von 60% (315%). Bei Aktivierung des Instruktionscaches, steigt PLATINs mittlere Überschätzung auf 300% bei einer minimalen (maximalen) Überschätzung von 231% (804%). Der sprunghafte Anstieg der Überschätzung bei Aktivierung des Instruktionscaches weist auf eine pessimistische Cacheanalyse hin. Die im Vergleich zu Patmos höhere Überschätzung für den Cortex-M4 weist auf ein insgesamt relativ pessimistisches Cortex-M4-Hardwaremodell hin.

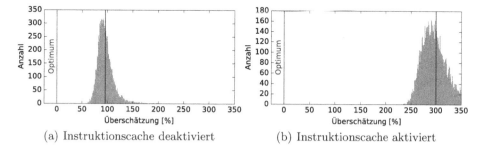

(a) Instruktionscache deaktiviert   (b) Instruktionscache aktiviert

Abb. 8. PLATIN für den Cortex-M4

Die in Abbildung 9 gezeigten Analyseergebnisse für aiT liegen mit einer mittleren Überschätzung von 21%/32% bei deaktiviertem/aktiviertem Instruktionscache deutlich näher am Optimum von 0%. Der Abbildung ebenfalls zu entnehmen ist, dass die Ergebnisse einiger Benchmarks bis zu 9% *unter* der tatsächlichen WCET liegen. Da WCET-Analysatoren zwingend eine obere Grenze der WCET liefern müssen, sind diese Ergebnisse ungültig. Der Hersteller AbsInt hat bestätigt, dass mithilfe der von GenE erzeugten Benchmarks Fehler im Speichermodell und in der Sprungvorhersage des Cortex-M4-Hardwaremodells von aiT Version 16.10, Build 269677 entdeckt worden sind.

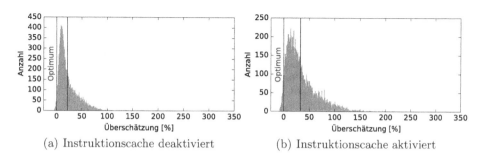

(a) Instruktionscache deaktiviert   (b) Instruktionscache aktiviert

Abb. 9. aiT für den Cortex-M4

5   Zusammenfassung

Der Benchmarkgenerator GenE stellt einen neuen Ansatz für die Evaluation von WCET-Analysatoren dar. Anders als bisherige Evaluationsansätze liefert GenE zusätzliche Informationen zum Benchmark: Die tatsächliche WCET und Flussinformationen, wie Schleifenobergrenzen. Auf Basis dieses Wissens wurde eine Evaluation der WCET-Analysatoren aiT und PLATIN vorgenommen. Hierbei wurden Unterschätzungen der WCET durch aiT festgestellt, welche auf Fehler im Cortex-M4-Hardwaremodell des Analysators zurückzuführen waren. Die entdeckten Unterschätzungen verdeutlichen die Notwendigkeit der Evaluation von WCET-Analysatoren und bekräftigen die praktische Relevanz von GenE.

Danksagung. Die Arbeit wurde unterstützt durch die Deutsche Forschungsgemeinschaft (DFG) unter den Förderkennzeichen SCHR 603/9-2, SCHR 603/13-1 und SFB/Transregio 89, Projekt C1.

Literaturverzeichnis

1. J. Knoop, L. Kovács, and J. Zwirchmayr: „WCET squeezing: On-demand feasibility refinement for proven precise WCET-bounds", *Proc. of the 21st International Conference on Real-Time Networks and Systems*, 2013
2. AbsInt: „aiT Worst-Case Execution Time Analyzers", https://www.absint.com/ait/
3. P. Puschner, D. Prokesch, B. Huber, J. Knoop, S. Hepp, and G. Gebhard: „The T-CREST Approach of compiler and WCET-analysis integration", *Proc. of the 9th Workshop on Software Technologies for Future Embedded and Ubiquitious Systems*, 2013
4. B. Lisper: „SWEET – A tool for WCET flow analysis", *Proc. of the 6th International Symposium On Leveraging Applications of Formal Methods, Verification and Validation*, 2014
5. H. Falk et al.: „TACLeBench: A benchmark collection to support worst-case execution time research", *Proc. of the 16th International Workshop on Worst-Case Execution Time Analysis*, 2016
6. P. Wägemann, T. Distler, C. Eichler, and W. Schröder-Preikschat: „Benchmark generation for timing analysis", *Proceedings of the 23rd Real-Time and Embedded Technology and Applications Symposium*, 2017
7. J. Abella et al.: „WCET analysis methods: Pitfalls and challenges on their trustworthiness", *Proc. of the 10th International Symposium on Industrial Embedded Systems*, 2015
8. G. Bernat et al.: „Identifying opportunities for worst-case execution time reduction in an avionics system", *Ada User Journal*, 2007
9. C. Lattner, and V. Adve: „LLVM: A compilation framework for lifelong program analysis & transformation", *Proc. of the International Symposium on Code Generation and Optimization*, 2004
10. B. Huber, D. Prokesch, and P. Puschner: „Combined WCET analysis of bitcode and machine code using control-flow relation graphs", *Proc. of the 14th Conference on Languages, Compilers and Tools for Embedded Systems*, 2013
11. M. Schoeberl et al.: „T-CREST: Time-predictable Multi-Core Architecture for Embedded Systems", *Journal of Systems Architecture*, 2015

Einheit zur anwendungsbezogenen Leistungsmessung für die RISC-V-Architektur

Tobias Scheipel, Fabian Mauroner und Marcel Baunach

Institut für Technische Informatik
Technische Universität Graz, 8010 Graz, Austria
tobias.scheipel@gmail.com; {mauroner|baunach}@tugraz.at

Zusammenfassung. Mit steigender Komplexität der Software von eingebetteten Systemen wird es immer wichtiger, die Performance dieser Softwaresysteme bereits im Entwicklungsprozess mit einzubeziehen. Oftmals mangelt es hier jedoch an Möglichkeiten, Laufzeiten oder Ereignisse gezielt zu messen und/oder zu zählen. Überwachung zur Laufzeit ist ebenfalls relevant, um dynamisch auf interne und externe Ereignisse reagieren zu können. Dies gilt vor allem für Systeme, die mit mehreren nebenläufigen Tasks arbeiten, welche diverse Abhängigkeiten beinhalten können. Diese Abhängigkeiten können sowohl Tasks untereinander als auch externe Ressourcen betreffen. Ein weiteres Problem ist, dass Messungen während der Entwicklungszeit meist durch einen Eingriff in das zu entwickelnde System erfolgen. Das führt in weiterer Folge zu einer Verzerrung der Messergebnisse, da das endgültige System ohne diese Eingriffe – und somit oft performanter ausgeliefert wird, als es zum Entwicklungszeitpunkt vorlag.
Ziel dieser Arbeit ist es nun, ein Modul in einer Hardwarebeschreibungssprache zu entwickeln, welches in der Lage ist, ohne direkte Veränderungen des Systems Laufzeiten und Ereignisse sowohl taskabhängig als auch -unabhängig zu messen und dem Programmierer über eine einfache Schnittstelle die Messwerte zur Verfügung zu stellen. Großes Augenmerk soll dabei auf die Skalierbarkeit, die Plattformunabhängigkeit hinsichtlich Prozessor und Betriebssystem sowie auf die einfache Erweiterbarkeit gelegt werden. Das finale Hardwaremodul wurde in ein bestehendes System aus einem Softcore-Prozessor und einem minimalen Betriebssystem integriert und getestet.

1 Einführung

Da dem Überwachen und Ermitteln von Ereignissen und Laufzeiten in einem eingebetteten System immer größere Bedeutung zukommt, besitzen moderne Prozessoren sogenannte Performance Monitoring Units (PMUs) oder ähnliche Hardwarekonstrukte. Diese dienen dazu, genannte Kenngrößen aufzuzeichnen und gegebenenfalls auf diese reagieren zu können. Vergleichbare Lösungen von Intel [1] und ARM [2] können in deren Developer Manuals nachgeschlagen werden.

Diese Arbeit beschäftigt sich damit, diese und vergleichbare Funktionalitäten in den Forschungsprozessor RISC-V[1], welcher von der University of California, Berkeley, definiert wurde, einzuarbeiten. Der Prozessor ist als offene und freie Reduced Instruction Set Computer (RISC) Instruction Set Architecture (ISA) definiert und liegt in verschiedenen Implementierungen diverser Firmen und Organisationen (z. B. [5, 6] und [7]) vor. Diese Ausführungen beinhalten sowohl Prozessoren in verschiedenen Hardwarebeschreibungssprachen, als auch diskrete Hardwareausführungen. Die Spezifikation des Prozessors [3] beinhaltet zwar eine grundlegende Definition gewisser überwachender Funktionalitäten, diese sind jedoch in keiner Variante integriert. In weiterer Folge wird der *V-scale* [8] verwendet, da diese Variante auch im *mosartMCU*-Projekt [4] integriert ist.

Ziel dieser Arbeit [17] ist es nun, eine PMU für die RISC-V-Architektur zu erstellen, welche sich direkt in das System aus Hard- und Software einfügt, dabei Events und Laufzeiten überwachen kann. Der Hauptfokus liegt hierbei auf der Messung von Tasklaufzeiten innerhalb eines Multitaskingsystems auf verschiedene Art und Weise. Weiters soll die Einheit einfach skalier- und erweiterbar sein und als externer Beobachter arbeiten, der die Ausführung des Systems nicht negativ beeinflusst. Die PMU soll außerdem dazu in der Lage sein, einzelne Hardwareeinheiten verschiedenen Messaufgaben zuzuordnen, ohne Messwerte zu verlieren – und das zur Laufzeit.

In Kapitel 2 wird auf verwandte Arbeiten eingegangen. Kapitel 3 handelt von der Entwicklung des Hardwaremoduls und Kapitel 4 geht auf die Verknüpfung von Hard- und Software mit einem einfachen Betriebssystem ein. Im darauf folgenden Kapitel 5 werden Messungen am Gesamtsystem gezeigt und diese diskutiert. In Kapitel 6 werden abschließende Vergleiche gezogen sowie ein Ausblick auf zukünftige Entwicklungen gegeben.

2   Verwandte Arbeiten

Performance Monitoring ist sowohl in Prozessoren für Desktop Computer als auch in eingebetteten Systemen zu finden. Hierbei muss jedoch stark unterschieden werden, welchen Aufgaben der Einheit je nach Anwendungsfall zukommt. Intel [1] beinhaltet zur Konfiguration dezidierte Register und bei einem ARM-Prozessor [2] ist hierfür ein Speicherbereich reserviert. Beide dieser Ausführungen messen dabei nur Ereignisse [10,11] und keine Ausführungszeiten von Tasks oder anderen Softwarekonstrukten.

Für eingebettete Systeme gibt es PMUs, die Energieverbrauch oder Performance des Systems überwachen [12, 13]. Es gibt keine Lösungen um explizit Tasklaufzeiten in Hardware zu überwachen. Bestehende Systeme hierfür brauchen zusätzlich sehr viele Hardwareressourcen und greifen oftmals verändernd in das System ein. Des Weiteren sind einzelne Zähleinheiten immer einem dezidierten Zweck zugeordnet und können damit nicht wiederverwendet werden, ohne die momentane Messung abzubrechen.

---

[1] https://riscv.org

3 Performance Monitoring Unit - Hardware

3.1 Grundsatzüberlegungen

Der in dieser Arbeit verwendete V-scale-RISC-V-Softcore[2] ist in Verilog implementiert und beinhaltet eine dreistufige Pipeline. Er folgt der RV32IM-Spezifikation [3, 14], demzufolge besitzt er einen minimalen 32-Bit-Integerbefehlssatz sowie eine Multiplikations-/Divisionseinheit.

Nach eingehender Hardwareanalyse wird die PMU im Pipeline-Modul der CPU platziert, da hier Zugriff auf alle wichtigen Statusinformationen verfügbar ist. Auch ein direkter Speicherzugriff ist aus diesem Modul heraus möglich. Um auf Zählwerte und die Konfiguration zuzugreifen, werden die Control and Status Registers (CSRs) des RISC-V-Prozessors verwendet. Dadurch können diese Werte einfach mit den bereits verfügbaren Befehlen gesetzt und gelesen werden.

3.2 Hardwarestruktur

Die Einheit beinhaltet mehrere konfigurierbare Zählregister, welche durch verschiedene Ereignisse wie die Änderung des Program Counters, des Task Pointers oder das Auftreten eines externen Ereignisses automatisch inkrementiert werden können. Die Register sind 64 Bit breit, um etwaigen Überläufen aus dem Weg zu gehen. Die Konfigurationsregister sind als Integerwerte (32-Bit) ausgelegt. Die Zählerarten werden in allgemeine Zähler, taskabhängige globale Zähler und taskzugehörige Zähler eingeteilt werden. Um diese Task-Awareness zu erreichen, werden Zählwerte bei einem Taskwechsel ohne Verzögerung im Speicher abgelegt und können zu einem späteren Zeitpunkt von diesem geladen werden. Außerdem ist die PMU noch hinsichtlich der Anzahl der Zählregister und der Anzahl der Konfigurationsregister je Zählregister skalierbar.

Aufgrund der angegebenen Anforderungen ergibt sich die in Abbildung 1 dargestellte Architektur.

Trotz der Skalierbarkeit wird in weiterer Folge der Einfachheit halber eine PMU mit vier Zähleinheiten und je zwei zugeordneten Konfigurationsregistern betrachtet. Das Modul besteht somit neben den vier 64-Bit-Zählregistern aus einem 32-Bit-Hauptkonfigurationsregister, in dem für jeden Zähler ein Byte zur Festlegung seiner Zählerart definiert ist. Zusätzlich hat jede Zähleinheit noch zwei Konfigurationsregister, in dem eine detailliertere Konfiguration der jeweiligen Zählerart vorgenommen werden kann.

---

[2] https://github.com/ucb-bar/vscale

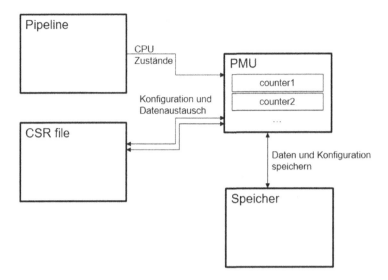

Abb. 1. Darstellung der PMU und ihrer verbundenen Module innerhalb der Hardwarestruktur. Pfeile zeigen die Datenflussrichtung.

Die Zählerarten selbst, welche das Hauptkonfigurationsregister füllen, werden in drei Gruppen eingeteilt:

– **Allgemeine, globale Zähler**, die Ausführungszeiten und Ereignisse unabhängig vom aktuellen Task zählen. Die Konfiguration ist global gültig und muss demnach nicht bei einem Taskwechsel zwischengespeichert werden. Ein Beispiel hierfür wäre ein Zähler, der die Laufzeit von einem definierten Zeitpunkt zählt.
– **Taskabhängige Zähler** hingegen messen Ausführungszeiten und Ereignisse für jeden einzelnen laufenden Task. Die Zählwerte sind demnach für jeden Task unterschiedlich und müssen bei einem Taskwechsel im Speicher abgelegt werden. Die Konfiguration dieser Zählerart muss trotzdem nur einmal gesetzt werden und ist global gültig. Als Beispiel dient ein Zähler, der die Tasklaufzeiten jedes *individuellen* Tasks misst.
– Die **taskzugehörigen Zähler** zählen für jeden Task unterschiedliche Aufgaben. Hierbei müssen sowohl die Konfiguration, als auch der aktuelle Zählerstand jeder Zähleinheit bei jedem Taskwechsel zwischengespeichert werden. Ein Zähler, der für jeden Task einen unterschiedlichen Bereich des Program Counters zählt kann als Beispiel angeführt werden.

Um den konfigurierten Zähler nun detaillierter zu beschreiben, werden die explizit zugeordneten Konfigurationsregister verwendet. Dies dient unter anderem dazu, Program-Counter-Bereiche zu definieren oder Taskpointer für spezielle Zählerarten anzugeben. Die Konfigurationsregisterstruktur ist in Abbildung 2 dargestellt.

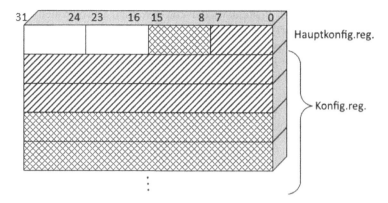

Abb. 2. Das Hauptkonfigurationsregister und die zugehörigen Konfigurationsregister je Zähleinheit.

Um auf die Gesamtheit an Registern zuzugreifen, können die RISC-V-eigenen CSR-Zugriffsbefehle [3, 9] verwendet werden.

3.3 Kombinatorische Logik der Zähleinheiten

Ein einzelner Zähler besteht neben seinen Registern auch aus einer rein kombinatorischen Logik, welche entscheidet, ob und wann das sequentielle Zählregister inkrementiert werden soll. Dieser Logikblock ermittelt dafür aus den verschiedenen Statusinformationen des Prozessors und der Konfiguration ein Enable-Flag. Dieser Sachverhalt ist in Abbildung 3 gezeigt. Hier ist ersichtlich, dass jeder Zähler aus seinem Registersatz und seiner Logik besteht.

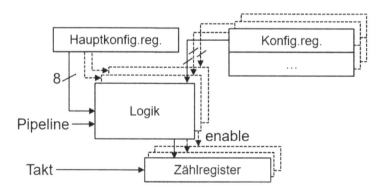

Abb. 3. Eine vereinfachte Darstellung der kombinatorischen Logik um einen Zähler zu aktivieren.

Der Logikblock selbst besteht wieder aus einzelnen Submodulen, welche jede implementierte Zählerart abdecken. Diese Konstruktion ist so gestaltet, dass sie jederzeit sehr einfach erweiterbar ist. Abbildung 4 zeigt diese Anordnung. Hier wird die Ermittlung des Enable-Flags (cnt_en[i]) des Zählers i für die Zählerart PMU_CNT_TYPE_0 im Hauptkonfigurationsregister cfg[i] illustriert. Dies ist genau dann aktiv, wenn der aktuelle Task Pointer der Pipeline (*tp*) dem Wert im ersten Konfigurationsregister (pmu_cfg[i][0]) entspricht. Weitere Zählerarten können einfach an das finale Oder-Gatter angefügt werden.

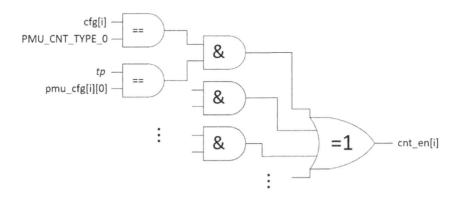

Abb. 4. Verallgemeinerte Logik zur Ermittlung des Enable-Flags einer Zähleinheit.

3.4   Speichern von Zählwerten und Konfigurationen

Um Werte im RAM zwischenzuspeichern, muss das System Kenntnis vom Taskkonzept des Betriebssystems haben. In diesem Fall besteht die Schnittstelle aus einem Register im Prozessor, in dem der Pointer auf den aktuell ausgeführten Task abgelegt ist. Somit kann auch ein Taskwechsel sehr einfach erkannt werden. Die Ein- beziehungsweise Auslagerung von Zähl- und Konfigurationswerten wird über einen Zustandsautomaten abgewickelt. Es müssen also bei einer Änderung im Register zuerst die aktuellen Werte in den Zähleinheiten im Speicher abgelegt werden um anschließend die Werte des neuen Tasks zu laden. Da der Speicherzugriff direkt aus der Hardware erfolgt, muss gewährleistet werden, dass keine Kollisionen auftreten. Dazu wird ein Dual-Port-RAM [4] verwendet, der auch vom verwendeten Artix-7-FPGA [15] unterstützt wird. Dabei wird ein Port für allgemein verwendet und einer für die PMU reserviert. Da der Speicher gleichzeitigen Zugriff erlaubt, können Kollisionen so vermieden werden. Aufgrund der Tatsache, dass dieser Auslagerungsprozess einige Zeit dauert, beinhaltet das Hardwaremodul eine Kompensationseinheit, welche die etwaigen verlorenen Taskzyklen ausgleicht.

4   Eingliederung und Anwendung in *mosartMCU*-OS

Um die PMU anzusteuern, wird das Betriebssystem *mosartMCU*-OS [4] verwendet. Dieses System beinhaltet bereits ein einfaches Task- und Ressourcenverwaltungssystem sowie einen Scheduler für eine RISC-V-Architektur.

Damit die Hardware Zugriff auf das Tasksystem erhält, wird der aktuelle Task Pointer in dem Register *tp* der CPU abgelegt. Wie bereits vorher erwähnt, kann so die Hardware auf Taskänderungen reagieren. Um einen solchen Taskwechsel möglichst schnell zu signalisieren, muss dieses Register am Beginn des Änderungsprozesses bereits neu gesetzt werden, um den hardwareseitigen Speicherzugriff zu starten. Das bedeutet, dass die PMU die Werte neu lädt, während das Betriebssystem den Registerkontextwechsel vollzieht. Natürlich muss die Hardware und die Software genau wissen, wie die Werte im Speicher liegen, um konsistente Werte gewährleisten zu können. Dazu werden die Werte softwareseitig im Taskkontrollblock jedes einzelnen Tasks abgelegt. Von dort haben dann sowohl Hard- als auch Software uneingeschränkten Zugriff auf alle Konfigurations- und Messwerte.

Neben dieser Task-Awareness-Funktionalitäten existieren noch einige Syscalls zum einfachen Konfigurieren und Auslesen von Zählwerten der PMU. Diese beinhalten unter anderem Funktionen zum Überwachen mehrerer Tasks durch einen zentralen Profiling-Task.

5   Ressourcenverbrauch und Messungen

In diesem Kapitel wird auf den Ressourcenverbrauch des Hardwaremoduls anhand eines Nexys-4-Development-Boards[3] mit einem Artix-7-FPGA[4] von Xilinx eingegangen, andererseits wird die Funktionalität anhand von Messungen validiert. Das Setup für diese Experimente besteht dabei aus besagtem Board in Verbindung mit einem digitalen Oszilloskop, dem PicoScope 2208 MSO [16]. Als Hardwaresynthesetool kommt Xilinx Vivado 2016.2[5] zum Einsatz.

Das eingebettete System beinhaltet demnach eine *mosartMCU* bestehend aus einem V-scale-RISC-V-Core, einem Dual-Port-RAM, einem ROM, diverse Peripherals wie GPIO-Ports und UART sowie der PMU in verschieden skalierten Ausführungen.

5.1   Ressourcenverbrauch am FPGA

Das Referenzmodell der Messungen ist eine PMU mit vier Zähleinheiten und zwei Konfigurationsregistern je Zähler (4x2). Mit dem Hauptkonfigurationsregister ergibt das insgesamt 17 32-Bit-Register. In der ersten Spalte der Tabelle 1

---

[3] http://store.digilentinc.com/nexys-4-artix-7-fpga-trainer-board-limited-time-see-nexys4-ddr/

[4] https://www.xilinx.com/products/silicon-devices/fpga/artix-7.html

[5] https://www.xilinx.com/products/design-tools/vivado.html

sieht man den Ressourcenverbrauch des Referenzmodells anhand der sogenannten *primitive statistics, net boundary statistics* und dem *clock report* von Vivado.

Bei Veränderung der Anzahl der Zähleinheiten selbst oder der zugehörigen Konfigurationsregister ergibt sich der in Tabelle 1 angegebene Ressourcenverbrauch.

Tabelle 1. Ressourcenverbrauch verschiedener Hardwarekonfigurationen.

	4x2	*4x4*	*4x8*	*8x2*	*16x2*
FLOP_LATCH	682	941	1453	1235	3141
LUT	1955	2380	2735	3994	9865
MUXFX	40	163	328	317	1095
CARRY	198	197	208	371	840
NETS	513	515	502	661	1473
CLK Inst	684	943	1455	1237	3113

Man sieht, dass sich beim Erhöhen der Konfigurationsregister pro Zähleinheit ein in etwa lineares Wachstum an Flipflops, Lookup-Tables und Clocks einstellt, während beim Erhöhen der Zähleinheiten selbst sich diese Werte bei jeder Verdopplung auch in etwa verdoppeln. Dies kann darauf zurückgeführt werden, dass das alleinige Erhöhen der Konfigurationsregister nicht weit verzweigt ist, jedoch beim Verändern der Anzahl der Zähleinheiten selbst immer ein gesamter Registersatz sowie die zugehörigen Logikeinheiten hinzukommen.

5.2   Messungen an Testsystemen

Als Testfall wird die Verwendung von globalen Zählern illustriert. Dabei werden zuerst die zu erwartenden Zählwerte per Simulation ermittelt und anschließend validiert. Da das vorliegende System mit 50MHz taktet, kann ein Zählwert durch die Berechnung von

$$t = Cnt \cdot \frac{1}{f_{CPU}} = Cnt \cdot \frac{1}{50\,MHz}, \tag{1}$$

wobei Cnt der Zählwert und t die Zeit ist; in eine Zeit umgerechnet werden.

Der erste Zähler des zu untersuchenden Systems (1) zählt die gesamte Laufzeit, während Zähler (2) nur dann zählt, wenn sich die CPU im Usermode befindet. Der Zähler (3) misst die gesamte Tasklaufzeit aller Tasks und (4) die gesamte Tasklaufzeit ohne den Idle-Task. Die Zähl- und Messergebnisse sind in Tabelle 2 dargestellt. Die Messungen entsprechen innerhalb der Messungenauigkeiten und liefern die erwarteten Resultate innerhalb einer Toleranz $\varepsilon = 1/50\,MHz = 20\,ns$ für dieses System.

Tabelle 2. Zähl- und Messwerte.

Messung Nr.	Zählwert	berechnete Zeit	Messung
(1)	6736	$134.72\mu s$	$134.70\mu s$
(2)	14	$280\,ns$	$280.4\,ns$
(3)	8183	$163.66\mu s$	$163.80\mu s$
(4)	8815	$176.30\mu s$	$176.38\mu s$

6   Vergleiche und Ausblick

Die entwickelte PMU hat einige ausschlaggebende Vorteile gegenüber vergleichbaren Arbeiten. So fügt sie sich nahtlos in das Gesamtsystem ein und versteht dieses. Weiters setzt die Einheit auf Wiederverwendung einzelner Hardwareelemente, um den Ressourcenverbrauch zu minimieren. Es ist also möglich, mehrere verschiedene Messaufgaben mit ein und demselben Stück Hardware durchzuführen. Es müssen keine weiteren Ressourcen aufgewandt werden, um die Anzahl an zu überwachenden Kenngrößen zu erhöhen.

Außerdem kann es, verglichen mit Systemen, die Tasklaufzeiten in Software messen, ohne direkt einzugreifen oder verlangsamend zu wirken, Messwerte liefern.

Durch ihre Skalier- und Konfigurierbarkeit kann sie einfach auf andere Systeme übertragen werden, die Grundfunktionalitäten sind daher plattformunabhängig.

Zusammenfassend sei gesagt, dass diese Arbeit einen neuen Ansatz, wie Ausführungszeiten und Ereignisse auf einem eingebetteten System überwacht und gemessen werden können, zeigt. Die Einheit ist skalier- und einfach erweiterbar und setzt auf die Wiederverwendung dezidierter Hardware zur Laufzeit. Es konnte außerdem gezeigt werden, dass ein einzelner, auf Wiederverwendung basierender Zähler mit Task-Awareness die gleichen Ergebnisse liefert, wie mehrere, dezidiert zugeordnete Hardwarezähler.

Literaturverzeichnis

1. Intel, "Intel Microarchitecture Codename Nehalem Performance Monitoring Unit Programming Guide," Intel, Tech. Rep. 253669-061US, Dec. 2010.
2. ARM, "Cortex-A5 Technical Reference Manual," ARM, Tech. Rep., 2016. [Online]. Available: http://infocenter.arm.com/help/topic/com.arm.doc.ddi0433c/DDI0433C_cortex_a5_trm.pdf
3. A. Waterman, Y. Lee, D. A. Patterson, and K. Asanovic, "The RISC-V Instruction Set Manual, Volume I: User-Level ISA, Version 2.1," EECS Department, University of California, Berkeley, Tech. Rep. UCB/EECS-2016-118, May 2016. [Online]. Available: http://www2.eecs.berkeley.edu/Pubs/TechRpts/2016/EECS-2016-118.html
4. F. Mauroner and M. Baunach, "Event based and Priority aware IRQ handling for Multi-Tasking Environments", Proc. of the 20th Euromicro Conference on Digital System Design (DSD) 2017, accepted.

5. VectorBlox, "ORCA FPGA-Optimized RISC-V," 2016,
   http://riscv.org/wp-content/uploads/2016/01/
   Wed1200-2016-01-05-Vector Blox-ORCA-RISC-V-DEMO.pdf.

6. A. Traber, F. Zaruba, S. Stucki, A. Pullini, G. Haugou, E. Flamand,
   F. K. Gürkayank, and L. Benini, "PULPino: A small single-core RISC-V
   SoC," 2015, http://iis-projects.ee.ethz.ch/images/d/d0/Pulpino_
   poster_riscv2015.pdf.

7. A. Traber, "RI5CY Core: Datasheet," ETH Zürich, Tech. Rep., Feb. 2016. [Online].
   Available: http://www.pulp-platform.org/wp-content/uploads/2016/
   02/datasheet_RI5CY.pdf

8. Y. Lee, A. Ou, and A. Magyar, "Z-scale: Tiny 32-bit RISC-V Systems," 2015,
   https://riscv.org/wp-content/uploads/2015/06/
   riscv-zscale-workshop-june2015.pdf.

9. A. Waterman, Y. Lee, R. Avizienis, D. A. Patterson, and K. Asanovic, "The
   RISC-V Instruction Set Manual Volume II: Privileged Architecture Version 1.9.1,"
   EECS Department, University of California, Berkeley, Tech. Rep. UCB/EECS-
   2016-161, Nov 2016. [Online]. Available: http://www2.eecs.berkeley.edu/
   Pubs/TechRpts/2016/EECS-2016-161.html

10. D. Patil, P. Kharat, and A. K. Gupta, "Study of Performance Counters and Pro-
    filing Tools to Monitor Performance of Application," *21st IRF International Con-
    ference*, 2015.

11. A. Singh, A. Buchke, and Y.-H. Lee, "A Study of Performance Monitoring Unit,
    perf and perf events subsystem", 2012.

12. J. A. Ambrose, V. Cassisi, D. Murphy, T. Li, D. Jayasinghe, and S. Parameswaran,
    "Scalable Performance Monitoring of Application Specific Multiprocessor Systems-
    on-Chip," *2013 IEEE 8th International Conference on Industrial and Information
    Systems*, Aug. 2013.

13. N. Ho, P. Kaufmann, and M. Platzner, "A hardware/software infrastructure for
    performance monitoring on LEON3 multicore platforms," *24th International Con-
    ference on Field Programmable Logic and Applications*, 2014.

14. T. Chen and D. A. Patterson, "RISC-V Geneology," EECS Department, Uni-
    versity of California, Berkeley, Tech. Rep. UCB/EECS-2016-6, Jan 2016. [On-
    line]. Available: http://www2.eecs.berkeley.edu/Pubs/TechRpts/2016/
    EECS-2016-6.html

15. Xilinx, *7 Series FPGAs Memory Resources*, ug473 (v1.12) ed., Xilinx, Sep. 2016.
    [Online]. Available: https://www.xilinx.com/support/documentation/
    user_guides/ug473_7Series_Memory_Resources.pdf

16. *PicoScope 2205 MSO Mixed Signal Oscilloscope*, Pico Technology, 2016.
    [Online]. Available: https://www.picotech.com/download/datasheets/
    PicoScope2205MSODatasheet-en.pdf

17. T. Scheipel, F. Mauroner and M. Baunach, "System-Aware Performance Monito-
    ring Unit for RISC-V Architecture", Proc. of the 20th Euromicro Conference on
    Digital System Design (DSD) 2017, accepted.

Modellierung und Simulation von Lieferketten

Roman Gumzej und Bojan Rosi

Fakultät für Logistik, Universität in Maribor
Mariborska cesta 7, SI-3000 Celje
roman.gumzej@um.si, bojan.rosi@um.si

Zusammenfassung. Lieferketten sind per Definition mit Logistik verbunden, da die Logistik es ermöglicht, deren Güter-, Geld- und Informationsflüsse effizient abzuwickeln. Als soziotechnische Systeme sind sie ganzheitlich als komplexe adaptive Systeme zu betrachten. Um sie zu verstehen, bedarf es Modellierungswerkzeuge, die deren inhärente Komplexität beherrschbar machen und zu den gewünschten Resultaten führen. Lieferkettenspezialisten konzentrieren sich gewöhnlich auf einige charakteristische Leistungsmerkmale, die den Aufbau der Modelle beeinflussen. Aus systemtheoretischer Sicht sollen sie Betrachtung als auch Steuerung des Verhaltens der modellierten Lieferketten ermöglichen. Da es sich dabei aber um verschiedene Schichten und Aspekte einer oder mehrerer untereinander verbundener Lieferketten handeln kann, gibt es verschiedene Modellierungsverfahren, die es ermöglichen, den gewünschten Aspekt sowie Detaillierungs- und Steuerungsgrad zu erreichen. Es werden drei solche Verfahren vorgestellt und anhand ihrer Eignung verglichen.

1 Einleitung

Eine Lieferkette (LK) kann man als ein komplexes adaptives System zusammenhängender und ineinandergreifender Elemente betrachten, die zusammenarbeitend einige vorbestimmte Ziele erzielen. Komplexe adaptive Systeme entwickeln sich laut [4] in der Zeit in kohärente, selbst adaptierende und verwaltende Gesamtheiten, ohne dabei von einer individuellen Entität kontrolliert oder beaufsichtigt zu werden; sie sind also zeitbezogen und müssen häufig Echtzeitbedingungen erfüllen.

Lieferkettenverwaltung (LKV) adressiert ein umfassendes Spektrum an Aufgaben, die sich wie folgt kategorisieren lassen [6]:

- Lieferketteninfrastrukturentwurf (Netzwerk),
- Lieferkettenanalyse und -strategieformulierung,
- Lieferkettenablauf- und -zeitplanung.

Die in Lieferketten eingebundenen Entscheidungsträger müssen oft tiefgreifende Entscheidungen treffen, ohne dabei ganzheitliche Informationen über die Struktur und/oder das Verhalten des Systems zu besitzen. Daher können alle Entscheidungen auch negative Konsequenzen bzgl. der Leistung einer Lieferkette als Ganze zeitigen. Um solche Situationen zu vermeiden, sollten Entscheidungshilfesysteme verwendet werden. Sie ermöglichen, geschäftliche und/oder organisatorische Entscheidungen anhand rasch wechselnder Daten zu treffen. Ein solches System, gekoppelt mit einem Modell einer erweiterten Lieferkette, könnte die Lösung für fundiertes Entscheiden darstellen.

Systemdynamik (SD) als simulationsorientierte Vorgehensweise zur Lieferketten- und Logistikverwaltung ist ein holistischer Ansatz zur Modellierung von LK [3, 7]. Dabei können SD-basierte Modelle hauptsächlich in Situationen verwendet werden, in denen sich die Typen der Flusselemente sowie der sie manipulierenden Entitäten im Verlauf der Zeit nicht ändert und die der Simulation keine weiteren Restriktionen auferlegen (vgl. [1,5]). In Situationen, in denen das Verhalten des zu modellierenden Systems von Entscheidungen und Interaktionen zwischen heterogenen Entitäten abhängt, sollte das übergreifende agentenbasierte Simulationsverfahren (ABS) zur Modellierung eingesetzt werden (vgl. [2, 8]). In beiden Fällen werden LKV-Operationen auf der Transaktionsebene betrachtet. Das bedeutet, dass der Zeitablauf mit der Frequenz der Transaktionen und nicht mit der Echtzeit in Zusammenhang gebracht wird. Um zeitgerechte Abläufe zu modellieren und zu simulieren, empfiehlt es sich, die Diskrete-Ereignis-Simulation (DES) einzusetzen.

Im Folgenden werden die verschiedenen Arten zur simulationsorientierten Modellierung und Analyse vorgestellt. Dabei wird ihre Eignung zum Lösen sämtlicher LKV-Probleme systematisch diskutiert und auch als Schlussfolgerung tabellarisch dargestellt. Hervorgehoben wird dabei die zeitliche Perspektive, denn alle LKV-Entscheidungen müssen in Echtzeit umgesetzt werden.

2   Lieferkettenmodellierung und -simulation

Eine LK kann man generell auf zwei Ebenen betrachten, um dabei verschiedene auftretende Phänomene zu beobachten und zu modellieren:

Makroebene
  – Selbstorganisation
  – Koevolution der Entitäten
  – Abhängigkeit von Verbindungen/Transportwegen
Mikroebene
  – viele und heterogene Entitäten
  – lokale Interaktionen zwischen den Entitäten
  – strukturierte Entitäten
  – adaptive Entitäten

Die Zeitmessung kann im Rahmen der LK-Modellierung verschiedene Bedeutungen haben. Die Zeit kann als diskret oder kontinuierlich ablaufend angesehen werden. Im ersten Fall hängt die Zeitgranularität von der Natur des zu modellierenden Systems oder der Frequenz der Stimuli aus dessen Umgebung ab. Der Grund dafür ist, dass die Reaktionszeit des Modells nicht kürzer als die Zeitgranularität sein kann. Daher ist es wichtig, vor jeder Simulation die Zeiteinheiten zur Messung der Dauer der Prozesse und/oder Intervalle zwischen den Stimuli festzulegen. Gewöhnlich bestimmt die Dauer des kürzesten Prozesses oder des kürzesten Intervalls zwischen den Stimuli die Genauigkeit der Zeitmessung im Modell – die Dauer aller Aktivitäten im Modell wird anschließend in gewählten Einheiten ausgedrückt. Der Zeitablauf kann aber auch von Transaktion zu Transaktion bzw. zwischen kritischen Ereignissen kontinuierlich erfolgen. Die letztere Variante relativiert die Zeitmessung und wird hauptsächlich auf Makroniveau angewendet. Auf dem Mikroniveau hingegen spielt die Zeit eine kritische Rolle und wird dementsprechend genau gemessen.

2.1 Simulation diskreter Ereignisse

Die Simulation diskreter Ereignisse (DES) in LK beinhaltet als Simulationsparadigma folgende Eigenschaften:

- Prozessorientierung
- Schwerpunkt auf detaillierter Prozessmodellierung
- Heterogenität der Entitäten
- Die Mikroentitäten sind passive Objekte, die anhand der vorgeschriebenen Prozesse durch Systeme befördert werden.
- Ereignisse führen Dynamik in die System ein.
- Formale Modelle werden durch Ereignisse, Prozesse und (Service) Aktivitäten gebildet.
- Die Zeit verläuft diskret zwischen kritischen Ereignissen oder mit einer bestimmten Frequenz.
- Flexibilität von Modellen stellt die Möglichkeit dar, die Strukturen der Prozesse zu verändern, die jedoch im Simulationsablauf fixiert bleiben.

Ein Beispiel zur DES-Anwendung Das nun vorgestellte Beispiel zur Anwendung der Diskrete-Ereignis-Simulation behandelt Produktion, Lagerung und Distribution von Fahrrädern und beschreibt diese einzelnen Prozesse jeweils im Detail. Der Produktionsprozess (Abb. 1) umfasst einschließlich Qualitätskontrolle sieben Stufen. Die verschiedenen Produktionsauftragstypen werden anhand verschiedener Komponenten aus dem Produktionslager realisiert. Nach der Qualitätskontrolle werden die fertigen Produkte ins Lagerhaus transportiert. Die Dauer jeder Fertigungsstufe ist festgelegt und hängt vom Typ des Produktionsauftrages ab. Im Lagerhaus (Abb. 2) werden die fertigen Produkte nach ihrem Typ sortiert, gelagert und anschließend an den Rampen zur Distribution bereitgestellt. Die Distribution (Abb. 3) erfolgt binnen der eigenen LK mit einer begrenzten Anzahl von Fahrzeugen zwischen fünf Stätten.

Analyse des DES-Beispiels Mittels Simulation diskreter Ereignisse lassen sich folgende Parameter optimieren:

1. Produktionszyklus und -umfang,
2. Größe und Anordnung der Lagerregale sowie Bereitstellungszyklus,
3. Anzahl der Transporte sowie deren Auslastung.

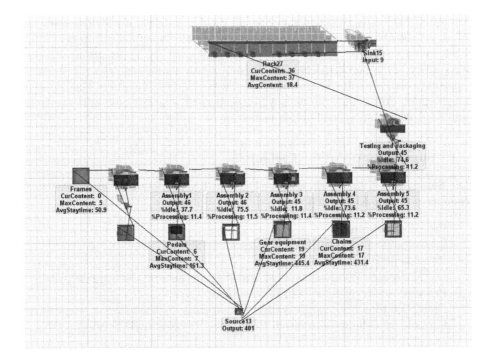

Abb. 1. DES-Beispiel: Produktion

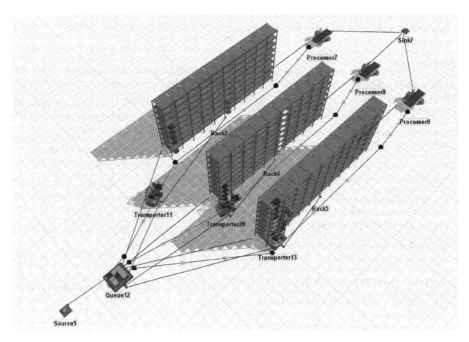

Abb. 2. DES-Beispiel: Lagerung

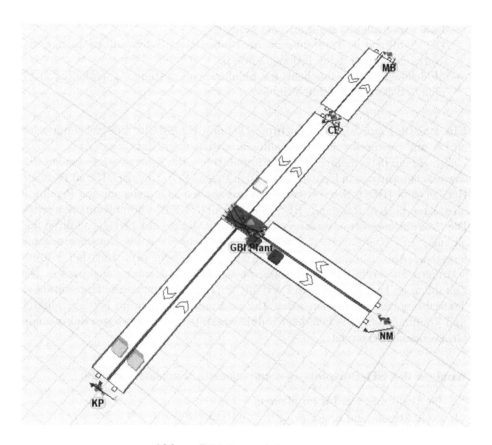

Abb. 3. DES-Beispiel: Distribution

2.2 Systemdynamik

Als Simulationsparadigma wird die Systemdynamik durch folgende Eigenschaften charakterisiert:

– Systemorientierung
– Schwerpunktmäßige Modellierung von Systemvariablen
– Homogenität der Entitäten
– Verzicht auf Entitäten auf Mikroniveau
– Einführung von Dynamik in Systeme mittels Koppelschleifen
– Puffer und Flüsse bilden formale Modelle.
– Der Zeitablauf ist kontinuierlich als Bestandteil der Systemvariablen, deren Werte sich durch Transaktionen ändern.
– Modellflexibilität ermöglicht, die Struktur von Systemen außerhalb von Simulationsläufen zu verändern.

Ein Beispiel zur SD-Anwendung Das nun vorgestellte Beispiel umfasst eine LK und beschreibt die Materialflüsse zwischen den Entitäten (Abb. 4). Das Unternehmen habe mehrere Produktionsstätten – die Zentrale in Slowenien (SI) sowie Tochterfirmen in Deutschland (DE), Polen (PL), Ungarn (H) und Bosnien-Herzegowina (BIH). Seine Großverkäufer befinden sich außer an den Produktionsstätten noch in Russland (RUS), der Ukraine (UKR) und in Rumänien (RU). Die Produktionsstätten versorgen ihre eigenen Märkte mit Fertigprodukten und einander mit Komponenten. Die Bedienoberfläche dient als Entscheidungshilfesystem (Abb. 5), um die Produktions- und Lagermengen mit den Voraussetzungen zu vereinbaren und deren physikalischem Rahmen anzupassen. Der Zeitablauf ist kontinuierlich und verläuft im Tagesrhythmus von Transaktion zu Transaktion, d.h. es werden jeden Tag bestimmte Mengen an Fertigprodukten und Komponenten zwischen den Produktionsstätten sowie Fertigprodukte an die Großverkäufer versendet.

Analyse des SD-Beispiels Systemdynamische Simulation erlaubt,

1. die Auslegung von LK zu planen,
2. Produktions- und Liefermengen zu optimieren sowie
3. die Auslastung der Distributionskanäle und die damit verbundenen Kosten einzuschätzen.

2.3 Agentenbasierte Simulation

Die agentenbasierte Simulation zeichnen folgende Eigenschaften aus:

– Entitätsorientierung
– Schwerpunktmäßige Modellierung von Entitäten und deren Interaktionen
– Heterogenität der Entitäten
– Mikroentitäten sind aktive Objekte, die in ihren Umgebungen agieren, untereinander kommunizieren und autonome Entscheidungen treffen.

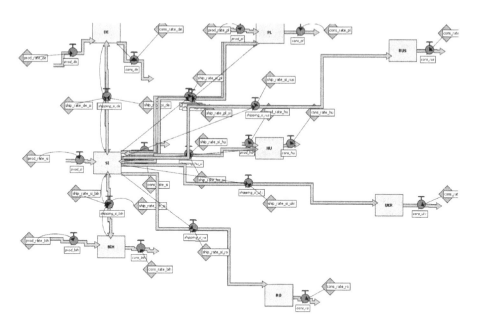

Abb. 4. SD-Beispiel: Plan

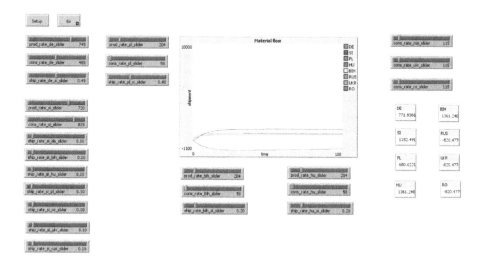

Abb. 5. SD-Beispiel: Bedienoberfläche

– Entscheidungen und Interaktionen zwischen Agenten führen Dynamik in Systeme ein.
– Agenten und ihre Umgebungen bilden formale Modelle.
– Der Zeitablauf ist diskret und auf Modellebene universal.
– Modelle lassen sich durch Veränderungen der Verhaltensregeln von Agenten und der Systemtrukturen flexibilisieren.
– Systemstrukturen sind während Simulationsläufen variabel.

Ein Beispiel zur ABS-Anwendung Das nun vorgestellte Beispiel dient zur Analyse des Verhaltens einzelner Entitäten in einer LK (Abb. 6). Da Geschäftsbeziehungen hauptsächlich zur Erhaltung und Gewinnzielung der LK-Partner dienen, untersuchen wir die Auswirkung guter und schlechter Geschäftspraktiken auf die Gestaltung der LK. Im Modell sind Marktregulatoren eingeführt, die schlechte Geschäftspraktiken bzw. deren Urheber bestrafen. Das Ziel der LK-Partner ist, ihre Marktposition zu stärken und ihren Profit zu maximieren. LK-Partner besitzen ein Qualitätsmerkmal, dessen Wert mit jeder erfolgreichen Transaktion steigt, jedoch mit jeder bei Inspektionen aufgefallenen Transaktion oder wegen einer kostengünstigeren aber unsoliden Lieferung abnimmt. Das Modell ist so parametriert, dass negative Erfahrungen größeren Einfluss haben.

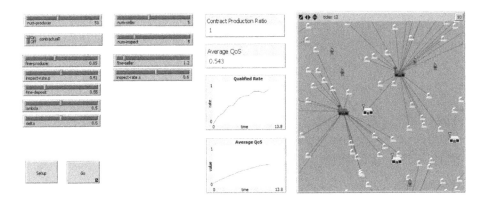

Abb. 6. ABS-Beispiel

Die LK-Partner bauen Vertragsbeziehungen nur zu vertrauenswürdigen Partnern laut derem Qualitätsmerkmal auf und bestimmen damit deren Einkommen. Auf der anderen Seite möchten sie, sowie ihre Partner, aber auch Profite machen und akzeptieren deshalb einen gewissen Anteil an weniger vertrauenswürdigen Partnern ohne Verträge. Wenn sie inspiziert werden und dabei eine unsolide Lieferung ausgemacht wird, so werden die inspizierten Partner bestraft. Falls die Lieferung von einem Vertragspartner stammt, so leitet der Partner einen Teil der Strafe an den Vertragspartner weiter. Die Partner bestimmen anhand des Qualitätsmerkmals und ihrer Profiterwartungen, ob sie eine Vertragsbeziehung eingehen wollen oder nicht. Das Ziel der Marktregulatoren ist es, einen regulierten Markt zu erreichen, in dem alle LK-Partner auch Vertragspartner sind bzw. in dem der Anteil an LK-Partnern mit einem überdurchschnittlichen Wert des Qualitätsmerkmals hoch ist. Das Modell untersucht das optimale Verhältnis zwischen Vertrags- und Nichtvertragspartnern sowie die damit erzielte Dienstqualität. Der Qualifikationsgrad bestimmt die Anzahl der Partner, deren Werte des Qualitätsmerkmals über dem erreichten Dienstqualitätsdurchschnitt liegen.

Der Zeitablauf im Modell ist diskret und verläuft im Tagesrhythmus für alle Agenten gleich. Die von den Agenten ausgeführten Aktivitäten reichen von Produktions-, Status- und Inspektionsaktivitäten bis hin zu Beschaffungsaktivitäten. Die Simulationszeit endet nach 100 Tagen, sofern nicht vorher ein völlig regulierter Markt erreicht wird.

Analyse des ABS-Beispiels Mit agentenbasierter Simulation lassen sich

1. die Auslegung der LK planen,
2. das dynamische Wachstum einer LK modellieren,
3. das Verhalten der Partner binnen einer LK modellieren sowie
4. globale Leistungsindikatoren (wie z.B. Qualität) optimieren.

3   Zusammenfassung

Bei der Modellierung der Lösungen der beschriebenen Probleme müssen Manager Entscheidungen auf verschiedenen hierarchischen Ebenen treffen. Diese können als strategisch, taktisch und operationell klassifiziert werden, je nach dem Einfluss auf die LK als Ganze. Wegen der Interdependenz zwischen den drei Ebenen ist LKV oft nicht fähig, sämtliche Probleme auf der strategischen Ebene zu lösen, und ist es ebenso schwierig, alle drei Ebenen innerhalb einer individuellen Entität zu betrachten. Um adäquate Lösungen zu finden, sind deswegen entitäts- und ebenenübergreifende Modelle notwendig.

Aus dem vorher Gesagten ergibt sich, dass die Auswahl des Simulationsparadigmas das resultierende formale Simulationsmodell in großem Maße beeinflusst. Daher gilt als Faustregel, das Paradigma zu wählen, das der Natur des zu modellierenden Problems am nächsten steht und größte Flexibilität bei der Erfassung seiner Charakteristiken sowie beste Wartbarkeit der Modelle ermöglicht.

Tabelle 1. Eignung von Modellierungs- und Simulationsmethoden zur LKV

	Netzwerkentwurf	Strategieformulierung	Ablauf- und Zeitplanung
DES	T, O	T, O	T, O
SD	S, T	S, T	S, T
ABS	S, T	S, T, O	S, T

Legende: S – Strategisch, T – Taktisch, O – Operationell

In Tabelle 1 sind die hier beschriebenen Modellierungs- und Simulationsmethoden mit ihrer Eignung zur Lösung der LKV-Probleme auf strategischer, taktischer und operationeller Ebene dargestellt. Dabei stellt sich heraus, dass sich ABS und SD hauptsächlich zum Lösen strategischer und taktischer Probleme eignen, während DES auf der anderen Seite hauptsächlich zur Lösung operationeller Probleme brauchbar ist. In anderen Worten, zum Lösen entitätenübergreifender interlogistischer Probleme sollte man eher SD oder ABS wählen, zum Lösen intralogistischer Probleme aber DES bevorzugen, da hier Detailtreue und auch die zeitliche Perspektive in den Vordergrund rücken. Der Zeitablauf ist bei DES und ABS diskret mit einer bestimmten Zeitgranularität, bei SD zwar kontinuierlich, aber diskretisierbar, um die Werte der Systemvariablen untersuchen zu können.

Jedes Simulationsparadigma beinhaltet einige Voraussetzungen und Konzepte, die Systemmodelle einschränken. Jedes der beschriebenen Paradigmata hat seine spezifischen Stärken und Schwächen. Man kann sie beliebig kombinieren und muss bei der Auswahl lediglich beachten, dass man keine Methode auswählt, die einen mehr einschränkt als unterstützt.

Literaturverzeichnis

1. Angerhofer, B. & Angelides, M.: System dynamics modelling in supply chain management: research review. In: Proc. Simulation Conf., Vol. 1, S. 342–351, 2000.
2. Behdani, B., van Dam, K.H. & Lukszo, Z.: Agent-Based Models of Supply Chains. In: van Dam, K.H., Nikolic, I. & Lukszo, Z. (Hrsg.): Agent-Based Modelling of Socio-Technical Systems, S. 151–180, Dordrecht: Springer 2013.
3. Georgiadis, P., Vlachos, D. & Iakovou, E.: A system dynamics modeling framework for the strategic supply chain management of food chains. Journal of Food Engineering 70, 3, 351–364, 2005.
4. Holland, J.H.: Hidden Order: How Adaptation Builds Complexity. Redwood City, CA: Addison Wesley Longman Publishing Co. 1995.
5. Intihar, M.: System Dynamics Modeling in Supply Chain Management. In: Eichler, G. & Gumzej, R. (Hrsg.): Networked Information Systems, Fortschr.-Ber. VDI Reihe 10 Nr. 826, S. 241–252. Düsseldorf: VDI Verlag 2013.
6. Shah, N.: Process industry supply chains: Advances and challenges. Computers & Chemical Engineering 29, 6, 1225–1236, 2005.
7. Tako, A. & Robinson, S.: The application of discrete event simulation and system dynamics in the logistics and supply chain context. Decision Support Systems 52, 4, 802–815, 2012.
8. Xiong, H. & Wang, P.: A Simulation of Food Supply Chain (Version 1). In: CoMSES Computational Model Library, https://www.openabm.org/model/4963/version/1, 2017.

System Dynamics Modelling in Automotive Supply Chain Management

Roman Gumzej and Klavdija Grm

Faculty of Logistics, University of Maribor
Mariborska cesta 7, SI-3000 Celje
roman.gumzej@um.si, klavdija.grm@student.um.si

Abstract. Supply chain managers are faced with many issues and, the-refore, need models and systems to analyse and improve the efficiency of material flow. The systems dynamics approach represents one of the basic simulation methods to model supply chain networks. This paper briefly discusses how dynamic computer simulation can be applied within the field of automotive supply chain management to diagnose problems, evaluate possible solutions and optimise operations in real time to allow for just-in-time production at customers' sites.

1 Introduction

In logistics, the cross-docking practice of unloading material from an incoming transport and loading it directly onto outbound transports with little or no storage in between has been introduced to reduce warehousing costs and enable just-in-time production. In the automotive industry, working with cross-docking systems has become essential. This method provides for reconciling the con-flicting demands of just-in-time production and low-cost transport processes. Therefore, cross-docking activities are usually combined with the Warehouse on Wheels (WOW) concept to improve the flexibility and shorten response times.

Cross-docking operations are rather different from traditional warehousing activities. They provide for high-density storage, slick put-away operations as well as efficient and timely picking. Above all, their benefits lie in their cost-efficiency, due to lower rates for the delivery address. In a forwarding company analysed, goods from 20 to 30 suppliers are collected every day. After unloading these shipments in the cross-dock, the goods are consolidated again by delivery address and shipped forward to 15 to 20 clients. In the opposite direction, the empties are delivered back to the suppliers.

Supply chain managers are faced with many issues on a daily basis and, therefore, need models and decision support systems to analyse and improve the efficiency of material flow. The systems dynamics approach represents one of the basic simulation methods to model and manage supply chain networks [1].

This paper briefly discusses how dynamic computer simulation can be applied within the field of automotive supply chain management to diagnose problems, optimise operations and evaluate possible solutions. The paper also presents a simple example of a supply chain model produced with the NetLogo simulation software (`https://ccl.northwestern.edu/netlogo/`). In the discussion and conclusion, the paper analyses the outcomes and possible solutions to our optimisation problem.

2   Methods

A supply chain encompasses a web of relationships between sales channels, distribution, warehousing, manufacturing, transportation, and suppliers. Each component of a supply chain is connected to other parts of it by the flow of material in one direction, the flow of orders, empties and money in the other direction, as well as the flow of information in both directions. Changes in any of these components to any part of a supply chain usually create waves of influence that propagate throughout the supply chain. These waves of influence are reflected in distortions of prices, flows of material and finished products as well as levels of inventories. The dynamics of the supply chain determines, how these influences propagate through the system.

Supply chain planning must allow for changes in the operational assumptions depending on future conditions. It should be expected that supply chain managers make decisions about future developments based on information available at the current time [2]. A simulation model should specify the planned responses to the uncertain aspects of the supply chain, and how these, in turn, will affect the manner in which the system behaves from that point onwards. Thus, good supply chain systems incorporate the contingency plans necessary to respond to new developments or incidents in the system. Dynamic, i.e. time-dependent, simulation provides the mechanism to predict the full range of possible futures, analyse the results and communicate findings to stakeholders and decision-makers.

Supply chain simulation can play an important role in helping companies to design redundant systems or mitigation plans to minimise the impacts of disruptive events [5]. Changes to a portion of a supply chain can result in major disruptions and short-term or even long-term inefficiencies. In this context, the term simulation is defined as the process of creating a computer model of an existing or proposed system in order to identify and understand the factors that control it. Any system that can quantitatively be described using equations and/or rules can be simulated. In a dynamic simulation, the system changes and evolves with time, and the objective in modelling such a system is to understand the way in which it is likely to evolve, to predict its future behaviour and to determine how to influence that future behaviour.

The process of building a dynamic supply chain simulation model provides valuable insights and understanding regarding the behaviour and characteristics of a supply chain. Beyond this extended knowledge, however, models are developed to address particular issues. The types of such issues that can be addressed using dynamic simulation generally fall into the following categories:

- *Optimisation* usually involves finding the optimal operational guidelines that either maximise or minimise a particular result, such as minimising costs and/or risks and maximising profits. Examples of operating conditions that could be optimised include factors such as inventory levels, investment in maintenance or geographic distribution of warehousing facilities.

- *Decision Analysis* typically involves the quantitative evaluation and comparison of two or more alternatives. For instance, the decision to build a new production facility could be evaluated by simulating how the supply chain would be impacted by the additional facility. Alternatively, the analysis might be focused on comparison of different locations for a new production facility.

- *Diagnostic Evaluation* is typically conducted when the cause of a particular problem is unknown. Supply chain simulation can provide insight into the cause of problems and facilitate development and evaluation of various solutions. For instance, a recurring inventory stock-out problem could be investigated using a supply chain model.

According to [4], system dynamics (SD) is an approach to understand the nonlinear behaviour of complex systems over time using stocks, flows, internal feedback loops, table functions and time delays. System dynamics is a methodology and mathematical modelling technique to frame, understand, and discuss complex issues and problems. Originally developed in the 1950s to help corporate managers improve their understanding of industrial processes, SD is currently being used within the public and private sectors for policy analysis and design. Convenient graphical user interfaces (GUI) were developed for SD software in the 1990s and have been applied to diverse systems. SD models solve the problem of simultaneity (mutual causation) by updating all variables in small time increments with positive and negative feedbacks, and by time delays structuring interactions and control. The best known SD model is probably the "The Limits to Growth" of 1972 [3]. This model predicted that exponential growth of population and capital, with finite resources and perception delays, would lead to economic collapse during the 21st century under a wide variety of growth scenarios. The basis of the SD method is the recognition that the structure of any system, with many circular, interlocking, sometimes time-delayed relationships among its components, is often just as important in determining its behaviour as the individual components themselves. Examples are chaos theory and social dynamics. It is also claimed that, because there are often properties-of-the-whole which cannot be found among the properties-of-the-elements, in some cases the behaviour of the whole cannot be explained in terms of the behaviour of the parts.

Mathematically, the basic structure of a formal SD computer simulation model is a system of coupled, nonlinear, first-order differential (or integral) equations,

$$\frac{d}{dt}x(t) = f(x, p) \tag{1}$$

where x is a vector of levels (stocks or state variables), p is a set of parameters and f is a nonlinear vector-valued function.

Simulation of such systems is easily accomplished by partitioning simulated time into discrete intervals of length dt and stepping the system through time one dt at a time. At every time instant t the new value of each state variable $x(t)$ is computed from its previous value $x(t-dt)$ and its net rate of change $x'(t-dt)$ during the time interval dt:

$$x(t) = x(t-dt) + dt \cdot x'(t-dt). \tag{2}$$

In SD, a system is described in the form of simultaneous equations of interrelated system variables. Depending on their nature, system variables generally fall into one of two categories, viz. deterministic or stochastic. Simulations in which one or more input variables are random ones are referred to as stochastic or probabilistic simulations. A stochastic simulation produces output that is itself random and, therefore, yields only one data point of how the system might behave. Simulations having no stochastic input variables are considered deterministic.

In a deterministic simulation, all future states are determined once the input data and initial state of a system model have been determined. Deterministic simulations have constant inputs and produce constant outputs. Stochastic simulations have random inputs and produce random outputs. Inputs might include activity times, arrival intervals and routing sequences. Outputs include metrics such as average flow time, flow rate and resource utilisation. Any output impacted by a random input variable will also be a random variable. That is why random inputs and random outputs are represented by statistical distributions.

A deterministic simulation will always produce exactly the same outcome no matter how many times it is run. Hence, during a simulation experiment, each scenario, representing a certain combination of input variable values, needs to be run just once. In stochastic simulation, several randomised runs or replications must be conducted within each scenario to get an accurate performance estimate, because each run varies statistically. Performance estimates for stochastic simulations are obtained by calculating the average value of a performance metric across all replications.

3   A Case Study

Our simple example of an automotive supply chain was created using the Net-Logo (https://ccl.northwestern.edu/netlogo/) simulation software. NetLogo [6] is a programmable modelling environment for simulating natural and social phenomena, and supports systems dynamics as well as agent-based simulation.

Our example (Figs. 1 and 2) represents the model of a portion of an automotive manufacturing company's supply chain. The scope of the model was limited to a few suppliers, a cross-docking site in Slovenia (SI) and four main clients in Belgium (BE), Germany (DE), Slovakia (SK) and Czechia (CZ). The objective of the analysis was to investigate the impact of reducing delays in the supply of material and empties (i.e. just in-time supply of material and empties) within the system. Our powertrain supplier has already a similar conceptual model and would like to improve supply chain performance.

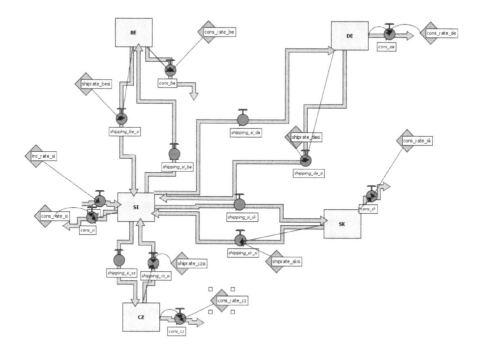

Fig. 1. Automotive Supply Chain Network

The quantities tracked within the model include: parts inventories, standard packagings and products-in-transit. In this simple example, production scheduling by the original equipment manufacturer is directly based on supply orders. According to our order records, they are considered on a periodic (daily) basis and stochastically, being distributed normally around a mean value:

BE $N(3, 10)$
DE $N(12, 10)$
CZ $N(2, 10)$
SK $N(10, 10)$

Our cross-docking site receives daily supplies from our suppliers. The number of supply units is distributed normally around the mean value of 100 units with a variance of 250 units ($N(100, 250)$).

4   Analysis

Our SD model was built from the cross-docking site (SI) manager's point of view. It addresses the problems with empties supply, dependencies between the

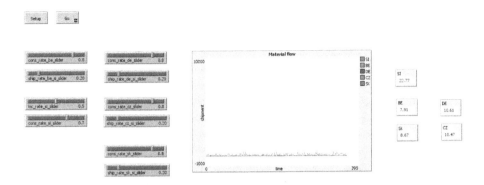

Fig. 2. Automotive Supply Chain Dashboard

supply and consumption rates of delivered material as well as disruptions in transportation and communication.

The model represents a number of processes, including the following:

- supply of material (packagings) from suppliers and empties returns to suppliers,
- cross-docking and consolidation at cross-docking site,
- shipments to customers and empties returns to the cross-docking site.

The model was developed based on the following predispositions:

- one cross-docking site, multiple suppliers, four clients (DE, BE, CZ, SK),
- one sort of packaging,
- deterministic and stochastic customer orders,
- deterministic and stochastic supply of material,
- state changes occur every day (dt=1 day), hence x-axis (time) unit is 1 day,
- y-axis (shipment) unit is 1 packaging/1 empty,
- starting stock values are 0 unless stated otherwise.

The amount of units at individual sites' stock changes according to the flow of material. There are three different rate variables that describe each flow:

1. supply rate (the amount of material delivered daily to the cross-docking/consolidation site),
2. shipping rate (number of units shipped daily from cross-docking to the clients and number of empties in the opposite direction),
3. consumption rate (number of units consumed daily, e.g. to fulfil distribution/production functions and return empties, at a site).

In our simulation experiment the material flow was observed in the time frame of one year (365 days). In our model, supply scheduling is based directly on supplier orders. We have observed three scenarios that are considered as representative.

In the first deterministic scenario all rates are equal to 1. Thus, during simulation presented in Fig. 3, stock levels should maintain the initial values. Initial stock values have been set to 100 (number of units) as well as supply, shipping and consumption volumes have been set to the same constant value.

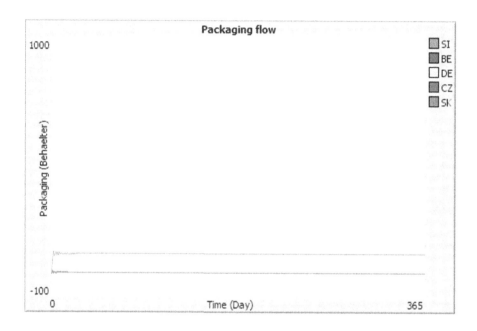

Fig. 3. Behaviour of deterministic model

In the second mixed deterministic-stochastic scenario initial stock values were set to 100 (see Fig. 4) and 250 (see Fig. 5) units, respectively, with the same constant supply rate but a stochastic shipping rate (according to customers' ordering distributions).

In the third stochastic scenario (see Fig. 6) the initial stock values are 0, whereas supply, shipping and consumption volumes are distributed according to our predispositions, representing a real-world scenario.

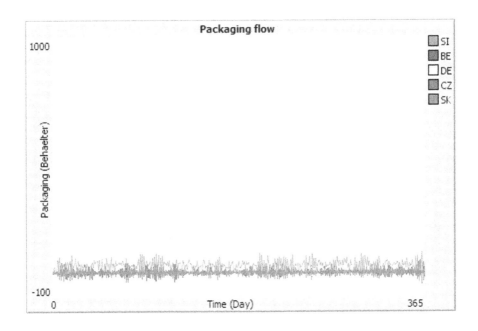

Fig. 4. Behaviour of deterministic model-1

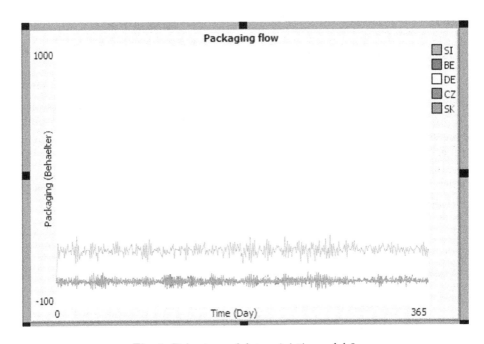

Fig. 5. Behaviour of deterministic model-2

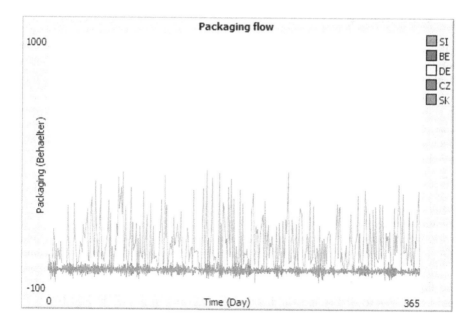

Fig. 6. Behaviour for stochastic model

5   Discussion

In automotive industry, the greatest challenge with cross-docking companies are the volumes of transports and stocked items. They can be maximised only with stackable standard packaging and fast deliveries. In the opposite case, a lot of space is lost, resulting in an increase of overhead costs.

The company analysed has high overhead costs because of the inefficient supply of standard packagings. In our simple real-world model, we tried to reach the situation in which, by the introduction of standard packaging of material units, the number of available (stocked) units would not sink below zero (out-of-stock situation). Our analysis showed that in the scenario considered there were around 10 days within a year when an out-of-stock situation occurred at our cross-docking site.

According to our scenarios, this could be avoided in two cases:

1. in the deterministic case (unrealistic) or
2. in case when in our stochastic scenario:
   - the initial stock at the cross-docking site was at least 1000 units,
   - its consumption rate was below supply rate and
   - the consumption rates at the customers' sites were above their shipping rates

6   Conclusion

Supply chain management is becoming an increasingly important issue for companies. The challenge of supply chain management is to identify and implement strategies that minimise costs while maximising flexibility. Supply chain simulation models can be used to address a broad range of problems and issues. Most of these applications fall into one of the categories optimisation, decision analysis, diagnostic evaluation, project planning and risk management. This paper discussed how dynamic simulation tools can be used to better understand supply chain dynamics, diagnose problems and evaluate possible solutions, optimise operations and mitigate risk factors.

Even in areas like transportation the industry's effectiveness lags that of top supply chains. The gaps are larger in areas that require more flexibility and advanced analytics capabilities, such as differentiated logistics services and network optimisation. Of the automotive companies 95% outsource to some extent. Hence, automotive supply chains have room to improve outsourcing effectiveness.

In this paper a simulation model based on system dynamics for analysing the flow of units in an automotive industry's supply chain was presented. Its main goal was to determine the bottlenecks in our supply chain and to build a decision support system that would allow us to balance the volumes of incoming and outgoing shipments at our cross-docking site in real time to allow for just-in-time production at our customers' sites. Although this goal was achieved, the model could be improved by incorporating up- and downstream information flows from our suppliers to our customers and vice-versa.

References

1. Huang, M., Yang, M., Zhang, Y., Liu, B. System dynamics modelling-based study of contingent sourcing under supply disruptions. North China Electric Power University, Beijing, 2011.
2. Long, Q. Distribution supply chain network modelling and simulation: integration of agent-based distributed simulation and improved SCOR model. School of Information, Zhejiang University of Finance & Economics, Hangzhou, 2013.
3. Meadows, D.H., Meadows, D.L., Randers, J., Behrens III, W.W.. The Limits to Growth: A report for the Club of Rome's Project on the Predicament of Mankind, Universe Books, 1972, ISBN 0-87663-165-0.
4. System Dynamics Society. Introduction to System Dynamics. http://www.systemdynamics.org/what-is-s/#overview   [Accessed 05/07/2017]
5. Vizinger, T. Autonomous cross-docking systems. In: Eichler G., Gumzej R. (eds.), Proc. 13th Intl. Conf. on Innovative Internet Community Systems and Intl. Workshop on Autonomous Systems, Fortschr.-Ber. VDI 10(826): 241–252. Düsseldorf: VDI Verlag 2013.
6. Wilensky U. NetLogo. (1999–2016). Center for Connected Learning and Computer-Based Modeling, Northwestern University, Evanston, IL. https://ccl.northwestern.edu/netlogo/index.shtml   [Accessed 18/04/2017]

Hochfrequenzhandel und Echtzeit

René Schwantuschke

Fakultät für Mathematik und Informatik
FernUniversität in Hagen
58084 Hagen
`rene.schwantuschke@fernuni-hagen.de`

Zusammenfassung. Als Anwendung im Finanzsektor mit Echtzeitanforderungen betrachtet dieser Beitrag den Hochfrequenzhandel an der
Börse. Der Begriff wird definiert und seine besonderen Gegebenheiten
werden genannt. Dann wird die an der deutschen Börse für den Hochfrequenzhandel eingesetzte IKT-Infrastruktur vorgestellt und hinsichtlich
ihrer Eignung diskutiert. Es stellt sich heraus, dass die eingesetzte Plattform nicht auf Echtzeitfähigkeit hin ausgelegt ist und dass das bisher
eingesetzte Transportprotokoll TCP für den Hochfrequenzhandel nicht
geeignet ist. Abschließend werden Vorschläge gemacht, um Echtzeitfähigkeit durch Einsatz von Echtzeitbetriebssystemen, spezieller Hardware-
Baugruppen und echtzeitfähiger Übertragungsnetze zu erreichen.

1   Einleitung

In den letzten Jahren hat die Bedeutung des Hochfrequenzhandels an den Kapitalmärkten erheblich zugenommen. Da es sich dabei um eine Anwendung handelt, für die durchaus harte Echtzeitanforderungen gelten, werden in diesem
Beitrag die Finanztransaktionen im Hochfrequenzhandel an den Börsen vorgestellt. Es wird die an den Börsen eingesetzte Rechentechnik betrachtet und ihre
Eignung für den Echtzeitbetrieb bewertet.

Der Hochfrequenzhandel an den Börsen ist durch automatisierte Durchführung von Aufträgen in hoher Geschwindigkeit gekennzeichnet. Dabei werden minimale Preisschwankungen zwischen Kauf- und Verkaufsorders an unterschiedlichen Börsenplätzen ausgenutzt, um kleine Gewinne pro Transaktion zu erzielen. Die Systeme handeln mit großem Kapitaleinsatz und hoher Stückzahl von
Wertpapieren. Aufgrund der Handelsaktivität multiplizieren sich die Gewinne
entsprechend [3].

Die vollständige Bearbeitung einer Transaktion umfasst die Vorgänge

- Eingang der Order,
- Verarbeitung im Handelssystem Xetra und
- Bestätigung der Order [4].

Zu den wichtigsten Merkmalen des Hochfrequenzhandels zählen

- eine technische Infrastruktur, welche die Zeitverzögerung bei der Orderaus-
  führung minimiert,

– Platzierung der Handelsrechner in räumlicher Nähe zu den Börsen-Servern („Co-Location"),
– Ausführung einzelner Aufträgen ohne menschliches Zutun und
– hohe Anzahl von Aufträgen, Kursofferten oder Löschungen innerhalb eines Tages.

Tabelle 1. Anzahl täglicher Transaktionen im Xetra-Handel [25] (in Millionen)

2006	2011	2013	2016
3,8	40	107	136

Nach der Statistik hat sich mit fortschreitendem Technisierungsgrad und stetig zunehmender Rechenleistung die Anzahl der Aufträge deutlich erhöht und ihre Bearbeitung im Xetra-Handel sehr beschleunigt. Tabelle 1 zeigt die Anzahl täglicher Transaktionen im deutschen Xetra-Handel. Sie stieg von 3,8 Millionen mit Beginn des Hochfrequenzhandels im Jahr 2006 auf 136,0 Millionen im Juni 2016 stark an. Die Dauer einer Transaktion im Hochfrequenzhandel zeigt Tabelle 2. Die Rechenzentren der deutschen Börse benötigten im Jahr 2006 für die vollständige Bearbeitung eines Handels 21 msec, während der gleiche Vorgang im Jahr 2016 in nur noch 0,25 msec abgewickelt wurde. Der Handel hat sich also um den Faktor 84 beschleunigt [4, 7, 25].

Tabelle 2. Dauer einer Transaktion im Hochfrequenzhandel [25] (in msec)

2006	2011	2016
21	0,55	0,25

2   Abgrenzung zu anderen Finanztransaktionen

In den Anfängen des Aktienhandels wurden an der deutschen Börse Großrechnersysteme eingesetzt. Ihr Leistungsvermögen wurde in [8] wie folgt charakterisiert:

> „Wenn es um reine CPU-Leistung geht, gibt es zahlreiche andere Systeme, die dem IBM-Mainframe ebenbürtig oder sogar überlegen sind. Seine Stärken kann der IBM-Mainframe dann ausspielen, wenn es nicht nur um reine CPU-Leistung geht, sondern um Datenverarbeitung im wahrsten Sinne des Wortes, wo Daten in großen Mengen zwischen CPU, Hauptspeicher und externen Geräten hin und her transportiert werden müssen."

Deshalb wurden Großrechnersysteme vor mehr als 20 Jahren wegen für den beginnenden Hochfrequenzhandel nicht mehr ausreichender Rechenleistung ausgemustert. Die jetzt eingesetzten Rechner sind im Vergleich zu Mainframes kostengünstiger und erreichen bei entsprechender Redundanz höhere Leistungen [6, 8, 24]. Wegen ihrer hohen Zuverlässigkeit, Verfügbarkeit und Rückwärtskompatibilität über ein halbes Jahrhundert setzen Finanzinstitute Großrechner jedoch nach wie vor für Aufgaben wie Kunden- und Kontoführung, Zahlungsverkehr (Abhebungen an Geldautomaten) sowie Clearing und Settlement ein [17].

3   IKT-Infrastruktur an der deutschen Börse

In diesem Abschnitt wird die an der Deutschen Börse derzeit vorhandene und für den Hochfrequenzhandel eingesetzte IKT-Infrastruktur insbesondere im Hinblick auf ihre Echtzeitfähigkeit vorgestellt. Abbildung 1 veranschaulicht ihre Gliederungsebenen.

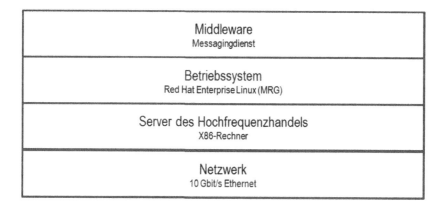

Abb. 1. IT-Infrastruktur des Hochfrequenzhandels

3.1   Internationale Vernetzung

Um bei der Datenübertragung zwischen zwei Handelsplätzen eine hohe Geschwindigkeit zu erreichen, werden verschiedene Netzwerktechnologien eingesetzt. So besteht bspw. zwischen den etwa 1.150 km voneinander entfernten Finanzzentren Chicago und New York eine Mikrowellenfunkverbindung. Ihre Latenzzeit beträgt 14,285 msec und ihre garantierte Latenzzeit 14,310 msec [23]. Um international schnell handeln zu können, wurde für 300 Millionen US-Dollar ein Glasfaserkabel durch den Atlantik verlegt, das die US-Märkte mit denen in Europa verbindet. Dessen Latenzzeit zwischen den etwa 6.200 km voneinander entfernten Börsen in New York und Frankfurt beträgt 40 msec [7].

Für die Übertragung der Daten zwischen der Deutschen Börse in Frankfurt und der Börse in London werden Millimeterwellenfunkverbindungen verwendet.

Dabei beträgt die Latenzzeit 4,6 msec. Zur Signalverstärkung zwischen der deutschen Börse in Frankfurt und der Börse in London sind im Abstand von 50 km Repeater installiert [17].

Bei Mikrowellenfunkverbindungen handelt es sich um Punkt-zu-Punkt-Verbindungen zwischen zwei Standorten unter Verwendung des kürzesten Weges. Damit lassen sich Daten schneller als mittels bisheriger Glasfaserverbindungen übertragen, die unter der Erde liegen und um Hinternisse herumgeführt werden müssen. Andererseits sind Mikrowellenfunkverbindungen anfällig für Regen, Schnee und Sonnenaktivität. Das Signal kann an Hinternissen unterbrochen bzw. über großen Wasserflächen verzerrt werden.

3.2   Co-Location und IKT-Sicherheit

Die Deutsche Börse bietet beim Hochfrequenzhandel einen sogenannten Co-Location-Service an. Damit bezeichnet man das Platzieren der Rechner von Handelshäusern in den Räumlichkeiten der Börse und in unmittelbarer räumlicher Nähe zu deren Rechentechnik. Nur so ist maximale Übertragungsgeschwindigkeit bei minimaler Verzögerungsrate der Datenübertragung im Hochfrequenzhandel realisierbar. Nur Handelshäuser mit in Co-Location installierten Rechnern können am Hochfrequenzhandel teilnehmen [17]. Tabelle 3 veranschaulicht die rasante Entwicklung der Anzahl der Co-Location-Teilnehmer an der deutschen Börse zwischen 2006 und 2013.

Tabelle 3. Anzahl der Co-Location-Teilnehmer [25]

2006	2007	2008	2009	2010	2011	2012	2013
13	59	83	107	130	141	150	150

In der Co-Location bestehen jeweils zwei Glasfaserverbindungen von den Rechnern der Hochfrequenzhändler zur sog. Matching-Engine der deutschen Börse. Mit Matching wird die Zusammenführung von Aufträgen bezeichnet: Es werden Paare von Orders gebildet, die gegeneinander ausgeführt werden. Dabei steht eine Kauf- einer Verkaufsorder gegenüber, die beide zum gleichen Ausführungspreis und zur gleichen Menge ausgeführt werden. Die Glasfaserverbindungen werden mit dem TCP/IP-Protokoll betrieben und es wird eine Übertragungsrate von 10 Gigabit pro Sekunde erreicht. Damit dauert ein typischer Umlauf für die Teilnehmer an der Co-Location der Deutschen Börse 0,2 bis 0,35 msec. Jedem Co-Location-Teilnehmer wird die gleiche Latenzzeit zum System der Börse garantiert. Zu ihrer Überwachung stellt die Börse den Teilnehmern Statistiken der Umlauf- und der Latenzzeiten zur Verfügung. Nur die Teilnehmer an der Co-Location haben so geringe Latenzzeit, dass sie Hochfrequenzhandel betreiben können [7, 17].

Die Uhrzeiten der Matching-Engine der Börse und der in der Co-Location befindlichen Rechner der Hochfrequenzhändler werden im Submikrosekundenbereich über ein getrenntes Netz, das das Precision Time Protocol (PTPv2) und das Network Time Protocol (NTP) unterstützt, mit der vom Global Positioning System (GPS) empfangenen Zeit UTC synchronisiert [?, 1, 26].

In der Co-Location werden keine technischen Schutzmaßnahmen eingesetzt, um IKT-Sicherheit zu gewährleisten [17].

3.3 Netz

Untereinander sind die Rechner der Deutschen Börse mit InfiniBand verbunden [15, 17, 19, 20]. Mit diesen sind die Rechner der Hochfrequenzhändler sternförmig über Ethernet verbunden, das eine Übertragungsgeschwindigkeit von 10 Gbit/sec erlaubt. Weder sind die Rechner der Hochfrequenzhändler miteinander verbunden, noch besteht eine Peer-to-Peer-Infrastruktur. Es werden keine Switches eingesetzt, da diese Jitter verursachen und nicht vollständig deterministisch arbeiten [13].

3.4 Rechner

Beim Hochfrequenzhandel an der Börse werden folgende Typen von Rechnerkernen eingesetzt:

- HP Gen8 DL 380 in den Matching Engines, der Eurex Enhanced Order Book Engine und dem Eurex Market Data Interface,
- Intel Xeon E5-2643 v2 CPU in der Ivy Bridge und
- Intel Xeon E5-2690 CPUs in der Sandy Bridge [11, 12, 21].

3.5 Betriebssystem

Weil die Betriebssystemkerne von Standard-Linux nicht ihre harten, im Mikrosekundenbereich liegenden Echtzeitanforderungen erfüllen, setzt die Börse beim Hochfrequenzhandel auf einen Ansatz mit zwei Kernen [16], der wie in Abbildung 2 gezeigt einen Linux-Kern mit einem Echtzeitkern kombiniert .

Als Betriebssystem wird Red Hat Enterprise Linux MRG (Messaging, Realtime und Grid) mit einem für den Hochfrequenzhandel optimierten Kern eingesetzt. Das normale Linux-Betriebssystem unterstützt virtuellen Speicher. Dessen Verwendung ist für den Hochfrequenzhandel nicht geeignet, weil er zu zufälligen und nicht vorhersehbaren Verzögerungen führt, wenn sich eine benötigte Seite nicht im Hauptspeicher befindet. Durch Aufruf der Funktionen

- mlock() und
- mlockall()

wird die Verwendung virtuellen Speichers durch das Betriebssystem unterdrückt und verhindert, dass bestimmte Speicherbereiche oder der komplette Speicher eines Prozesses ausgelagert werden. Während der Kernel 2.4 des Linux-Betriebssystemes eine Zeitauflösung von 10 msec hat, reduziert der für Echtzeitanwendungen gedachte Kernel 2.6 diese auf 1 msec [2, 15, 27].

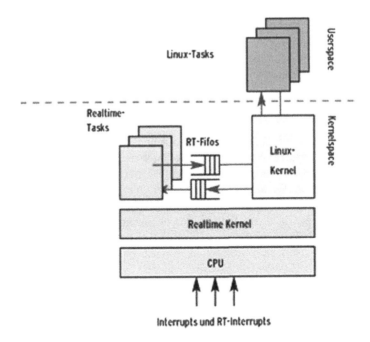

Abb. 2. Dual Kernel Ansatz, Quelle: [16]

3.6 Middleware

Die Kauf- und Verkaufsorders werden beim Hochfrequenzhandel an der Börse auf der Middleware-Ebene mit Hilfe eines Messaging-Dienstes eingegeben [7,14]. Dieser verwendet das Transmission Control Protocol (TCP) [17] zur Übertragung 64 Bytes langer Nachrichten in 51,2 nsec und arbeitet die Orders in der Reihenfolge ihres Eingangs ab. Treffen zwei Nachrichten gleichzeitig im System ein, so werden sie nach vordefinierten Regeln verarbeitet [3,28].

Die Hochfrequenzhändler verwenden keine Streaming-Technologien, sondern nehmen den Verlust von Datenpaketen bei der Übertragung ohne Reaktion hin.

4   Bewertung des Ist-Zustandes

Die für den Hochfrequenzhandel an der Börse bereitgestellte IKT-Infrastruktur ist allein auf Schnelligkeit hin ausgelegt. Dabei wird nur handelsübliche Rechen- und Kommunikationstechnik eingesetzt; auf den Einsatz von Hardware-Beschleunigern wird verzichtet. Somit mangelt es dem System an

- Echtzeitfähigkeit, d.h. Garantie der Einhaltung von Zeitschranken,
- Transaktionssicherheit und
- IKT-Sicherheit.

Transaktionssicherheit wird beim Hochfrequenzhandel vernachlässigt, weil es kostenaufwendiger ist, diese zu gewährleisten als verlorene Orders zu wiederholen. Dies wird an der Börse auch kommuniziert und ist den Teilnehmern der Co-Location bewusst. Alle Aktivitäten in der Co-Location werden überwacht. Demzufolge sind keine technischen Sicherheitsmaßnahmen in der Co-Location der Börse vorhanden, da diese die Latenzzeit erhöhen und für diese Handelsart nicht geeignet sind. Beim Hochfrequenzhandel findet während des Handels keine Synchronisation zwischen zwei Rechenzentren der Deutschen Börse statt [17].

5   Erreichen von Echtzeitfähigkeit

Die obige Analyse hat gezeigt, dass die für den Hochfrequenzhandel an der Börse eingesetzte IKT-Infrastruktur deutliche Schwächen aufweist und den sich aus der Natur der Anwendung heraus ergebenden Anforderungen nur unzureichend genügt. Deshalb werden in diesem Abschnitt einige Verbesserungsvorschläge gemacht. Es handelt sich dabei um den Einsatz von Methoden und Artefakten, die in der Automatisierungstechnik seit langem eingeführt, aber in der kommerziellen Datenverarbeitung offensichtlich noch unbekannt sind. Die Betrachtungen sollen hier auf das Erreichen der Echtzeitfähigkeit beschränkt werden. Im Hinblick auf die Erhöhung der Transaktions- und IKT-Sicherheit sei nur angemerkt, dass sich erstere durch Einsatz geeigneter Redundanz und letztere mittels gerätetechnischer Abkopplung vom Internet [10] sowie physischer Trennung der Programm- und Datenspeicher der verschiedenen Rechner [9] oder ähnlich wirkungsvolle Maßnahmen erzielen lässt.

Echtzeitsysteme werden in DIN 44300 (Informationsverarbeitung), Teil 9 (Verarbeitungsabläufe) folgendermaßen definiert:

> „Unter Echtzeit versteht man den Betrieb eines Rechensystems, bei dem Programme zur Verarbeitung anfallender Daten ständig betriebsbereit sind, derart, dass die Verarbeitungsergebnisse innerhalb einer vorgegebenen Zeitspanne verfügbar sind. Die Daten können je nach Anwendungsfall nach einer zeitlichen Verteilung oder zu vorherbestimmten Zeitpunkten anfallen." [22]

Um den Echtzeitanforderungen des Hochfrequenzhandels gerecht zu werden, bedarf es sowohl des Einsatzes von Echtzeitbetriebssystemen als auch spezieller Hardware-Baugruppen und echtzeitfähiger Übertragungsnetze. Geeignete Systemarchitekturen sollten ausgehend von aus den Anwendungsprogrammen abgeleiteten Anforderungen in ganzheitlicher Betrachtung entworfen werden.

Wenn die Laufzeit bestimmter Anwendungskomponenten nicht abschrankbar ist, müssen die entsprechenden Funktionalitäten auf dedizierte Hardware-Module wie Beschleuniger oder Assoziativspeicher ausgelagert werden. Insbesondere sollte die Arbeitsweise der für den Hochfrequenzhandel zentralen und entsprechend hoch belasteten Matching-Engine analysiert und geprüft werden, wie sie durch Einsatz anwendungsspezifischer Hardware-Baugruppen entlastet und beschleunigt werden kann.

Zwar wurde das Betriebssystem Linux MRG für den Hochfrequenzhandel optimiert, ist jedoch höchstens für Echtzeitsysteme mit weichen Zeitanforderungen geeignet. Statt dessen sollte ein originäres Echtzeitbetriebssystem eingesetzt werden, wie es sich in der industriellen Automatisierungstechnik bewährt hat. Es empfiehlt sich, ein konfigurierbares Betriebssystem zu wählen, um einen möglichst kleinen, genau die Bedürfnisse des Hochfrequenzhandels erfüllenden Betriebssystemkern generieren zu können.

Die typischen Anforderungen an echtzeitfähige Kommunikation [18], wie sie für den Hochfrequenzhandel erforderlich [13] sind, nämlich

– gleichmäßig beschränkte und minimale Latenzzeiten,
– minimale Schwankung der Latenzzeiten,
– garantierter Durchsatz und
– Einhaltung der Fristen von Nachrichten,

werden für die Rechner der Deutschen Börse selbst erfüllt, weil sie untereinander mittels InfiniBand verbunden sind. Gleiches gilt für ihre Anbindung an die Rechner der Händler in der Co-Location über Glasfaserkabel. Zwar werden diese Kommunikationskanäle mit dem Protokoll TCP/IP betrieben, jedoch handelt es sich um Punkt-zu-Punkt-Verbindungen, weshalb weitere Kommunikationsteilnehmer gar nicht auf die Leitungen zugreifen und dadurch das probabilistische Verhalten des Protokolls hervorrufen können.

An genau diesem Verhalten scheitert aber die Echtzeitfähigkeit aller anderen, mit dem Protokoll TCP/IP durchgeführten Datenübertragungen, insbesondere der der Kauf- und Verkaufsorders mittels eines Messaging-Dienstes. Darum bedarf es auch hier des Einsatzes anderer Verfahren, wie bspw. aus der industriellen Automatisierungstechnik bekannter Übertragungsprotokolle, die sich für Feldbussysteme bewährt haben.

6   Zusammenfassung und Ausblick

In diesem Beitrag wurde die ITK-Infrastruktur veranschaulicht, die an der Deutschen Börse in Frankfurt für den Hochfrequenzhandel eingesetzt wird, und verdeutlicht, dass sie unter Einsatz marktgängiger Komponenten allein auf Schnelligkeit hin ausgelegt ist, ohne bekannte Methoden aus dem Echtzeitbereich einzusetzen. Neben der Echtzeitfähigkeit mangelt es der Infrastruktur auch an Transaktions- und IKT-Sicherheit. Es wurde eine Reihe von Vorschlägen gemacht, wie dem Mangel an Echtzeitfähigkeit durch Einsatz von Echtzeitbetriebssystemen, spezieller Hardware-Baugruppen und echtzeitfähiger Übertragungsnetze abgeholfen werden könnte.

Literaturverzeichnis

1. Deutsche Börse: Deutsche Börse ergänzt Angebot um einen Time Service für Co-Location-Kunden; http://deutsche-boerse.com/dbgde/presse/pressemitteilungen/Deutsche-Boerse-ergaenzt-Angebot-um-einenTime-Service-fuer-Co-Location-Kunden/2585814; 2012 (zuletzt abgerufen am 09.11.2016).

2. Deutsche Börse Group: Insights into Trading System Dynamics; http://www.eurexchange.com/blob/238346/5e2ce06990dd2a2e108fd2030dfcf5a2/data/presentation_insights-into-trading-system-dynamics_en.pdf; April 2016 (letzter Abruf am 12.02.2017).
3. Deutsche Bundesbank: Bedeutung und Wirkung des Hochfrequenzhandels am deutschen Kapitalmarkt; Monatsbericht Oktober 2016.
4. Donner, A; Dünnebier, U.: Börsenvernetzung im Detail – Geschwindigkeit ist Trumpf, Ultra Low Latency-Routen im Hochfrequenzhandel; http://www.ip-insider.de/ultra-low-latency-routen-im-hochfrequenzhandel-a-369853/; 03.07.2012 (letzter Abruf am 26.08.2016).
5. Dreher, A.; Mohl, D.: Hirschmann, Whitepaper, Präzise Uhrzeitsynchronisation, Der Standard IEEE 1588; http://www.pdv.reutlingenuniversity.de/rte/White paper ieee1588 de v1-2.pdf; (letzter Abruf am 09.11.2016).
6. Ebbers, M.; Byrne, F.; Gonzalez Adrados, P.; Martin, R.; Veilleux, J.: Introduction to the New Mainframe: Large-Scale Commercial Computing; http://www.redbooks.ibm.com/abstracts/sg247175.html?Open; 2006 (Abruf am 07.03.2016).
7. Eurex: Co-Location services; http://www.eurexchange.com/exchange-de/technologie/co-location-services; (letzter Abruf am 23.01.2017).
8. Greis, W.: Die IBM-Mainframe-Architektur; München: Open Source Press 2004.
9. Halang, W.A.; Komkhao, M.; Sodsee, S.: Secure Cloud Computing; Reihe Advances in Intelligent Systems and Computing, Vol. 265, pp. 305–314, Springer-Verlag 2014.
10. Halang, W.A.; Komkhao, M.; Sodsee, S.; Sukjit, P.: An Insurmountable and Fail-secure Network Interface; Reihe Advances in Intelligent Systems and Computing, Vol. 463, pp. 217–222, Springer International 2016.
11. Hewlett Packard: HP ProLiant DL 380 Gen8 Server; 2012.
12. Intel: Sandy Bridge Microarchitecture; http://www.realworldtech.com/sandy-bridge/; Stand: 27.11.2012.
13. Jäger, E.: Industrial Ethernet, Funktionsweise, Implementierung und Programmierung von Feldgeräten mit netX; Heidelberg: Hüthig Verlag 2009.
14. Kauffels, F.J.: Technologie-Report, Low Latency Networks, Komponenten-Struktur-Anwendung; ComConsult Research; 2011.
15. Knoll, A.; Buckl, C.: Echtzeitsysteme, Wintersemester 2011/12, Lehrstuhl Informatik VI, Fakultät für Informatik, Technische Universität München; http://www6.in.tum.de/pub/Main/TeachingWs2011Echtzeitsysteme/echtzeit_komplett.pdf; 2011 (letzter Abruf am 12.02.2017).
16. Kunst, E.-M.; Quade, J.: Grundlagen: Echtzeitsysteme mit Linux, Gerade echtzeitig; Linux Magazin 6/2008.
17. Lohr, A.; Schwantuschke, R.: Gespräch an der Deutschen Börse in Eschborn; 22.11.2016.
18. Liu, J.W.S.: Real-Time Systems; Prentice Hall; 2000.
19. Mellanox Technologies: InfiniBand FAQ Rev 1.3; http://www.mellanox.com/related-docs/whitepapers/In?niBandFAQ FQ 100.pdf; 2014 (letzter Abruf am 23.01.2017).
20. Oded Paz: InfiniBand Essentials Every HPC Expert Must Know, http://www. hpcadvisorycouncil.com/events/2014/swiss-workshop/presos/Day_1/1_Mellanox. pdf; 2014 (letzter Abruf am 12.02.2017).
21. Rißka, V.: Intel Ivy Bridge im Test: Von Core i5-3450 bis i7-3770K 22/26; https://www.computerbase.de/2012-04/test-intel-ivy-bridge/22/; 23.04.2012.
22. Scholz, P.: Softwareentwicklung Eingebetteter Systeme; Berlin: Springer-Verlag 2006.

23. Spread Networks Latencies for Ultra Low Latency Service; http://spreadnetwork. com/media/11244/wavelength_latencies_chicago_to _nj_12_2013a.pdf (letzter Abruf am 26.08.2016).

24. Spruth, W.G.; Rosenstiel, W.: Revitalisierung der akademischen Großrechnerausbildung; Informatik Spektrum 34, 3, 2011.

25. TABB, Deutsche Börse, Bloomberg, Optiver: Der Hochfrequenzhandel – Millisekunden für ein Börsengeschäft, F.A.Z.-Archiv (Grafik Niebel); hhtp:// press.swisscrawler.com; 2013 (letzter Abruf am 11.02.2016).

26. Tanenbaum, A.S.: Moderne Betriebssysteme; München: Pearson Studium; 2009.

27. Taylor, M.; Goldszmidt, G.: IBM technology in the financial markets front office, Part 1: Overview of a financial markets front office integration blueprint; http://www.ibm.com/developerworks/data/library/techarticle/dm-1005integrationblueprint1; 2010 (letzter Abruf am 05.02.2017).

28. Wong, R.; Sigenza Gonzalez, P.B.; Rojas, M.A; Zhang, C.: WebSphere MQ Low Latency Messaging in Financial Exchanges; http://www.redbooks. ibm.com/redpapers/pdfs/redp4752.pdf; August 2011 (letzter Abruf am 16.09.2016).

Zeitanalyse in EA-Netzen von Mikrocontrollern mittels Mikrobenchmarks

Georg Seifert und Peter Hartlmüller

Zentrum für Angewandte Forschung
Technische Hochschule Ingolstadt, 85049 Ingolstadt
{Georg.Seifert, Peter.Hartlmueller}@thi.de

Zusammenfassung. In sicherheitskritischen Echtzeitsystemen ist eine der Herausforderungen die Festlegung einer zeitlichen oberen Schranke für die Ausführungszeit der Applikation. Aktuell werden hierzu statische Worst Case Execution Time (WCET)-Analysen eingesetzt, die exakte Kenntnisse über die Prozessoren voraussetzt. Durch den Anstieg an Peripherie und der daraus resultierenden Steigerung des Datenverkehrs innerhalb einer Microcontroller Unit (MCU) reicht eine reine CPU-fokussierte Analyse in Zukunft nicht mehr aus. Dies hat zu Folge, dass die Kenntnisse auf die gesamte MCU ausgeweitet werden müssen. Da aus Know-how-Schutz die Hersteller diese Informationen nicht preisgeben, muss sie durch detaillierte Analysen beschafft werden. In diesem Artikel wird eine Analysemöglichkeit basierend auf Mikrobenchmarks vorgestellt, welche die relevanten zeitlichen und architektonischen Informationen bereitstellt.

1 Motivation

In verschiedenen Branchen, wie Automobil- und Flugzeugindustrie, wird von der Applikationssoftware gefordert, dass sie ein Echtzeitverhalten aufweist. Kommen neben dieser Forderung sicherheitskritische Aspekte hinzu, so kann eine Verletzung der oberen Grenze der Ausführungszeit einen fatalen Schaden an Mensch oder Umwelt anrichten. In dem flugzeugspezifischen Standard zur Software-Entwicklung DO-178C [4] wird angemerkt, dass vor allem die Auswahl der Hardware einen nicht zu vernachlässigen Einfluss auf die WCET hat.

Um den Anforderungen nach Vorhersagbarkeit der Ausführungszeit gerecht zu werden, werden aktuell statische Ansätze zur Abschätzung der WCET eingesetzt, die Informationen über CPU und den Cache beinhalten. Aussagen der statischen Analyse basieren auf repräsentativen Modellen der CPU und des Caching-Verhaltens [2]. Nachteil der Modelle für statische Analysen sind, dass sie keine Komponenten außerhalb des Prozessors abbilden und keine Abschätzungen über geteilten Ressourcen treffen können. Diese Grenzen der statischen WCET Analyse hat zur Einschränkung in der Nutzung aktueller Hardware geführt. Hierunter versteht man den Verzicht auf gemeinsame genutzte Ressourcen und einen rein, auf Single-Core reduzierten und CPU-getriebenen Ablauf, der neben der Applikationssoftware das Verarbeiten der Ein- und Ausgabe übernimmt.

Muss aus Performancegründen Zusatzhardware wie dedizierte Peripherie-Prozessoren[1] oder DMA-Controller (DMACs) eingesetzt werden, wird auf mess-basierte bzw. hybride Analyseverfahren zurückgegriffen [1]. Messungen auf Systemebene decken nur einen Teil des Zustandsraums ab, da vor allem das Verbindungsnetzwerk und die daran angeschlossene Peripherie, als Blackbox betrachtet werden. Um die technische Lücke zwischen den statischen und den hybriden Verfahren zu schließen, müssen weitere Komponenten abgebildet werden. Da detaillierte Entwurfsdaten wegen des Know-how-Schutzes der Hersteller nicht veröffentlicht werden, müssen diese per Analyse erstellt werden.

2   Problemstellung

Durch den generellen Anstieg an Peripherie-Komponenten und einer höheren Bandbreite der Einzelkomponenten ist eine Abarbeitung der Peripherie alleinig durch die CPU nicht mehr praktikabel. Erschwerend kommt hinzu, dass viele Peripheriegeräte keine individuellen Speicherressourcen für ankommende oder ausgehende Datenpakete bereitstellen und somit jede einzelne Nachricht abgearbeitet werden muss, um Datenverlust zu verhindern. Zudem kommen sicherheitskritische Forderungen wie Fail-Operational-Betrieb mit MCU-eigener Hardware[2] hinzu, die zusätzliche Datenströme durch eine redundante Auslegung der Hardware und Abgleich der Informationen zwischen den Komponenten verursacht.

Um eine effiziente Verarbeitung der Peripheriedaten zu ermöglichen, muss daher die aktuelle Grenze der statischen Analysen aufgebrochen werden und eine gemeinsame Nutzung von Ressourcen zugelassen werden. Hierzu sind detaillierte Modelle des internen Verbindungsnetzwerkes und der daran angebundenen Peripherie nötig. Erste Informationen, wie in Abb. 1 dargestellt, lassen sich zumeist aus dem Handbuch der vorliegenden MCU entnehmen. Hieraus können erste Probleme, wie ein *Single Port Memory* oder ein *gemeinsames Bussystem* für Teilbereiche der Peripherie, abgeleitet werden. Detaillierte Informationen lassen sich hier in den meisten Fällen nicht finden, da diese von den Herstellern aus Know-how-Schutz zurückgehalten werden.

Um dennoch an Entwurfsdaten des zeitlichen Verhaltens des MCU zu gelangen, muss eine detaillierte Analyse der MCU durchgeführt werden. Hierbei werden die fehlenden Lücken zwischen den Herstellerangaben und den benötigten Detaillierungsgrad der Informationen mithilfe von Reverse Engineering der Hardware gewonnen.

---

[1] Beispielsweise besitzt der NXP MPC5748G neben den beiden e200z4 Applikationsprozessoren einen weiteren, unabhängigen e200z2 Prozessor, der die Verarbeitung der in der Peripherie anfallenden Daten übernehmen kann.

[2] vgl. beispielsweise [6], hier wird von einem Anstieg der benötigten Bandbreiten je eingesetzten Knoten von mindesten 10 MBit/s ausgegangen.

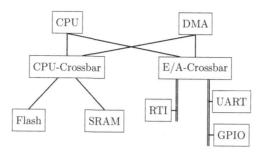

Abb. 1. Schematischer Aufbau des Hercules TMS570

3   Methodik

Im nachfolgenden wird eine Methodik vorgestellt, um an nicht publizierte Eigenschaften der Hardware zu gelangen. Hierzu werden die verschiedenen Pfade der MCU mit minimalistischen Benchmarks vermessen. Zudem werden gezielt auf den Pfaden Kollisionen mithilfe von konkurrierenden Direct Memory Access (DMA)-Transfers induziert.

Anhand dieser Analysen lassen sich im Anschluss Informationen über die Ausprägungen der Bandbreite und Störeinflüsse ableiten, die Rückschlüsse auf die Charakeristika der einzelnen Netzwerksegmente der MCU geben.

3.1   Mikrobenchmark

Konventionelle Mikrobenchmarks, wie in [3] zur Analyse der „Intel Haswell Microarchitecture", vermessen die generischen Leistungsparameter, wohingegen für Analysen bezüglich der WCET einzelne Ausschläge in der Laufzeit und deren Ursache von Interesse sind. Durch den geringen Funktionsumfang der Mikrobenchmarks fallen Auswirkungen von Caching-Verhalten und Pipelining-Effekte kaum ins Gewicht. Nach dem ersten Laden der Mikrobenchmarks in den Cache werden die Instruktionen dort gehalten. Zudem ist durch zyklisches Wiederholen der Benchmarks ein Gleichbleiben von Seiteneffekten und zeitlichen Anomalien [7], wie Cache-Verhalten, Pipeling, Out-of-Order-Execution, gegeben. Dies stellt eine deterministische Ausführung der Benchmarks sicher. Mithilfe des kompakten Codesegmentes und der zyklischen Wiederholung des Benchmarks lassen sich zudem gezielt Kollisionen auf einzelnen Teilabschnitten des internen Verbindungsnetzwerks provozieren, indem durch eine zweite aktive Komponente, beispielsweise DMAC, Datenaufkommen induziert wird. Verändert sich die Zykluszeit des Benchmarks signifikant, so sind Interferenzen auf diesem Abschnitt vorhanden.

Generischer Aufbau eines CPU Mikrobenchmarks Allgemein sind die programmiertechnischen Herausforderungen eines Mikrobenchmarks sehr gering, da es sich hier um minimalistische, zyklisch wiederholende Applikationen handelt. Zu den Herausforderungen bei diesen Applikationen gehören jedoch die

Auswahl des zu vermessenden Anschnittes innerhalb des Mikrocontrollers und die Bestimmung der möglichen Einflüsse.

Um einzelne Pfade im Mikrocontroller zu vermessen, eignen sich von der CPU initiierte Load- oder Store-Befehle, die auf einzelne Speicherbereiche agieren (vgl. Algorithmus 1). Neben den Speicherzugriffsoperationen ist, je nach Messmethode (vgl. Kapitel 3.2), das Generieren eines Zeitstempels nötig.

Algorithmus 1 : Schematischer Aufbau eines Mikrobenchmarks

---

definiere Speicherbereich
while *True* **do**
    // Falls für Messmethode erforderlich
    if *erzeuge Zeitstempel?* **then**
        lese und verarbeite Zeitstempel
    end
    schreibe oder lese auf Speicherbereich
end

Interferenzen durch DMA-Controller Um die Mikrobenchmarks der CPU zu stören, müssen von Seiten des DMAC auf den einzelnen Pfaden gezielt Konflikte erzeugt werden. Dies lässt sich dadurch realisieren, indem der DMAC für einen einzelnen Transfer aufgesetzt wird. Hierbei ist zu beachten, dass ein DMAC immer zwei aufeinanderfolgende Transfers erzeugt und daher auch zwei verschiedene Datenströme stören kann.

Um hier keine unerwarteten Konflikte zu verursachen, muss sichergestellt werden, dass von Seiten des Mikrobenchmarks nur ein Transferpfad auftritt.

Paarweises Verknüpfen von konkurrierenden Zugriffen Um einen detaillierten Überblick der einzelnen Komponenten und deren zeitlichen Relationen zu erhalten, werden die Mikrobenchmarks mit möglichen konkurrierenden Zugriffen durch den DMAC paarweise ausgeführt. Hierdurch lassen sich potentielle Konflikte aufdecken und deren Auswirkungen zeitlich quantifizieren.

3.2   Messmethoden für Mikrobenchmarks

Um eine präzise Aussage über das zeitliche Verhalten des Mikrobenchmarks zu erlangen, muss die individuelle Laufzeit eines Interationszyklus (ein Schleifendurchlauf des Benchmarks, vgl. Algorithmus 1) bestimmt werden. Hierzu lassen sich verschiedene Möglichkeiten einsetzen, die unterschiedliche Vor- und Nachteile mit sich bringen.

SoC-interne Hardware Timer Die übliche Vermessung von Benchmarks geschieht mit internen Zeitgebern. Dies lässt sich einfach realisieren, da hierzu die Informationen aus verfügbaren Clock-Modulen oder CPU-internen Countern gelesen wird. Bei der Verarbeitung der Zeitstempel muss jedoch beachtet werden, dass, je nach Aufzeichnungsart, eine geringe Genauigkeit zur Verfügung steht oder eine hohe Datenmenge anfällt.

In vielen Fällen wird zu Beginn und Ende eines Benchmarks ein Zeitstempel ausgelesen und die Differenz durch die Anzahl der Iterationen des Benchmarks geteilt, um die Ausführung einer Iteration zu erhalten. Dies eignet sich vor allem für die Messung der mittleren Leistung, bei denen zeitliche Ausreißer von einzelnen Iterationen nicht von Relevanz sind.

Um einzelne Auffälligkeiten auszumessen, muss bei jedem Iterationszyklus ein Zeitstempel gelesen werden. Dies führt zu einer hohen Datenmenge, die ohne signifikante Einflüsse auf das Gesamtsystem verarbeitet werden muss. Um diese Daten zu verarbeiten, können einerseits die Differenz der Ausführungszeit als Häufigkeitsverteilung gespeichert werden, welches sich mit wenig Speicheraufwand realisieren lässt. Eine zeitliche Korrelation von Ereignissen auf einzelner Ausreißer lässt sich jedoch nicht mehr darstellen und muss daher indirekt über die Anzahl abgeleitet werden. Sind diese Informationen von Relevanz, so sind alle Ergebnisse sequenziell zu speichern. Dies induziert zusätzliche Speicherzugriffe, die einen Einfluss auf den Benchmark nehmen und mit betrachtet werden müssen.

Oszilloskop und Logikanalysator Eine weitere Möglichkeit zur Erfassung von Ereignissen sind Oszilloskope oder Logikanalysatoren. Hierbei werden die nach außen geführten Ereignisse, insbesondere der Zustand eines Pins, gespeichert und nach Unregelmäßigkeiten in den erfassten Mustern untersucht.

Um Unregelmäßigkeiten zu erfassen, muss eine genaue Kenntnis über den Normalbetrieb der erfassten Pegelzustände der einzelnen Pins bekannt sein. Um dies zu gewährleisten, eignen sich einfache Peripherie im General-Purpose Input/Output (GIO)-Betrieb besser als komplexe serielle Protokolle. Da sich die meisten Geräte neben ihrer eigentlichen protokollspezifischen Aufgabe in einen reinen GIO-Betrieb umschalten lassen, ist dies in den meisten Fällen zu bevorzugen.

Interne Signale lassen sich mit dieser Möglichkeit nicht abgreifen, da bei aktuellen Mikrocontrollern in den meisten Fällen keinen Zugriff auf die internen Verbindungsnetzwerke wie Bus oder Crossbar-Switch nach außen führen.

Externe Tracing-Hardware Eine elegante Möglichkeit an interne Informationen zu gelangen, sind Tracing-Schnittstellen. Diese werden von Hardware-Hersteller bereitgestellt, um zur Laufzeit Informationen über das System und die Abarbeitung der Software zu erhalten. Neben den internen Zuständen werden zu diesen Events Zeitstempel aufgezeichnet. Diese lassen sich dazu verwenden, die Ausführung des Benchmarks zu beobachten und Rückschlüsse zu ziehen. Zudem lassen sich diese Informationen nach der Aufzeichnung einer intensiven Analyse unterziehen, da alle zur Laufzeit aufgetretenen Informationen chronologisch vorhanden sind.

Je nach Implementierung lassen sich die erzeugten Informationen nicht oder nur bedingt für eine WCET-Analyse nutzen, da die aufgezeichneten Zeitstempel des Traces mit einem Jitter behaftet sind. Die Embedded Trace Macrocell (ETM) Tracing-Schnittstelle des Texas Instruments Hercules TMS570LC4357 (Hercules) erzeugt selbstständig keine Zeitstempel, die den exakten Zeitpunkt eines Events festhalten. Die Events werden zuerst in einem Zwischenpuffer gespeichert und mit variablem Verzug an die Tracing-Hardware weitergegeben. Hierdurch entstehen Abweichungen der einzelnen Zeitstempel bezüglich des Auftretens einzelner Events, die von echten Ausreißer nicht unterschieden werden können.

Ein weiterer Nachteil dieser Schnittstelle ist der geringe interne Puffer, der bei hoher Aufzeichnungsrate überlaufen kann. Dies führt dazu, dass für eine nachfolgende Auswertung kein durchgängiger Eventverlauf vorhanden ist und auftretende Ausreißer nicht erfasst werden können.

4   Experimente und Ergebnisse

In diesem Kapitel werden verschiedene Mikrobenchmarks auf dem Hercules beschrieben und die Ergebnisse diskutiert. Die Einzelergebnisse der Messungen werden in einem finalen Schritt zusammengefügt, um sie für eine Modellierung des Verbindungsnetzwerkes nutzen zu können.

4.1   Mikrobenchmarks

Im nachfolgenden werden CPU-Mikrobenchmarks und DMAC induziert Kollisionen dargestellt. Die verschiedenen Messmethoden sollen einen repräsentativen Querschnitt über die Messmethoden darstellen.

Mikrobenchmark basierend auf Hardware Timer Der Mikrobenchmark, basiert auf einem Hardware-Timer und vermisst den Netzwerkabschnitt zwischen dem Real-Time Interrupt Modul (RTI) und der CPU. Das inkrementierende Register des RTI wird als zeitgebende Einheit verwendet, der je Zyklus gelesen wird. Da es sich bei dem Counter um ein 64 Bit Wert handelt, das in einem Paar von 32 Bit Registern abgebildet wird, werden im Benchmark beide Register (vgl. Listing 1) nacheinander zyklisch gelesen.

```
1  rtiJumpLabel:
2        ldr r1, [Free Running Counter Register]
3        ldr r1, [Up Counter Register]
4        b rtiJumpLabel
```

Listing 1. RTI Mikrobenchmark

Da weitere Transfers vermieden werden – beispielsweise zwischen Hauptspeicher und CPU – werden die gelesenen Zeitstempel nicht weiterverarbeitet oder zwischengespeichert. Um die Einzelwerte dennoch zu erhalten, wird die Messung mithilfe des Tracing-Equipments beobachtet um sie nach Abschluss einer Messung offline auszuwerten.

Die offline Messdatenauswertung hat den Vorteil, dass verschiedene Auswerteverfahren auf demselben Datensatz durchgeführt werden können und keine zeitlichen Randbedingungen erfüllt werden müssen. Zudem lassen sich mithilfe von Durchschnittswerten die Zeitstempel der Tracinghardware nutzen, da hier der Jitter der Einzelmesswerte (vgl. Kapitel 3.2) ausgeglichen wird.

Mikrobenchmark mit externen Messmethoden Ein allgemein gültiger und sehr einfacher CPU-getriebener Mikrobenchmark ist das abwechselnde Setzen und Löschen eines beliebigen GIO-Pin des Mikrocontrollers. Die zeitlichen Schwankungen zwischen dem High- und Low-Signals eines dadurch beschriebenen Pin kann mithilfe eines Oszilloskops oder Logikanalysator (vgl. Kapitel 3.2) abgegriffen werden und auf Ausreißer hin untersucht werden. Dieser Benchmark lässt sich für eine Vielzahl von Peripheriegeräten realisieren, da sich moderne Geräte in vielen Fällen neben ihrer eigentlichen Implementierung als GIO-Baustein nutzen lassen.

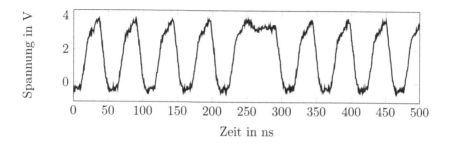

Abb. 2. Unterbrechung eines Transfers durch **GS:dma!**

Die in Abb. 2 induzierte Unterbrechung ist durch ein DMA-Transfer verursacht worden, der Daten aus einem UART-Register in den Hauptspeicher kopiert hat. Werden neben dem GIO-Pin zudem die externen Signalwerte des UART aufgezeichnet, so lässt sich eine direkte zeitliche Korrelation zwischen den beiden Signalen herstellen.

Interne Ereignisse des DMA-Controllers Neben den CPU-basierten Mikrobenchmarks müssen konkurrierende Interferenzen erzeugt werden. Auf dem Hercules sind neben dem Applikationsprozessoren keine weiteren Prozessoren vorhanden, somit werden die Störfaktoren mithilfe des DMAC generiert. Hierbei ist zu beachten, dass ein DMAC nur Transfers zwischen zwei Speicherbereichen induzieren kann. Dies bedeutet, dass neben der gewünschten Störung ein weiterer Pfad mit betrachtet werden muss. Hierbei muss entweder sichergestellt werden, dass dieser durch den CPU-basierten Mikrobenchmarks nicht verwendet wird oder die Auswirkung in der Auswertung berücksichtigt wird.

Als Beispiel für ein internes Ereignis wird der Ablauf eines zyklischen Zählers (dem RTI) als DMA-Requestgeber verwendet. Durch dieses Event getriggert kopiert der DMAC den Registerinhalt des Zeitgebers in den Hauptspeicher des Mikrocontrollers.

Da dieses Event zyklisch auftritt, lässt sich aus der Messdauer und der Zykluszeit des Timers die Anzahl der Unterbrechungen berechnen. Anhand dieser Häufigkeit lässt sich verifizieren, dass jedes Event eine Verzögerung in der Ausführungszeit der konkurrierenden Applikation verursacht.

Externe Ereignisse des DMA-Controllers Neben internen Ereignissen zur Generierung von DMA-Request lassen sich auch durch externe Ereignisse DMA-Requests initiieren. Hierbei werden Peripherie-Bausteine verwendet, die nach dem Empfang eines neuen Datums eine Benachrichtigung des DMAC erstellen (z. B. UART).

Dies ist vor allem bei Messungen mit Oszilloskop oder Logikanalysator vorzuziehen, da hier ein direkter Rückschluss zwischen dem Mikrobenchmark und dem Auftreten eines Datums erkannt werden kann.

4.2   Ergebnisse

Im nachfolgenden werden die ersten vorläufigen Ergebnisse aus den Messungen der einzelnen Mikrobenchmarks zusammengeführt und in unterschiedlichen Auswertungen gegenübergestellt und diskutiert.

Hierbei werden die verschiedenen Benchmarks paarweise mit den DMA-Konfigurationen verknüpft, um Aussagen über verschiedene Pfade zu erhalten.

Häufigkeitsverteilung In Abb. 3 wird die Häufigkeitsverteilung der Zykluszeit eines Mikrobenchmarks abgebildet, der durch einen konkurrierenden Zugriff auf eine gemeinsame Ressource verzögert wird. Als Applikation wird hier der in Kapitel 4.1 vorgestellte Mikrobenchmark – Toggeln eines GIO-Pins und Messen via Logic Analysator – verwendet, der durch den DMAC, der Daten des Universal Asynchronous Receiver Transmitter (UART) liest, verzögert wird. Dabei werden DMA-Transfers von 8 Bit bis 64 Bit verwendet, um Unterschiede bei der Verzögerung in den Wortgrößen darzustellen.

Gut zu erkennen ist, dass ein Benchmarkzyklus 50 ns bis 60 ns dauert, solange keine Unterbrechung auftritt. Werden Interferenzen induziert, so lassen sich Ausreißer erkennen, die je nach Wortbreite des konkurrierenden Transfers, eine Verlängerung des Transfers um 40 ns (bei 8 Bit bis 32 Bit Transfers) bzw. 80 ns (bei 64 Bit Transfers) bewirken.

Die Verdoppelung der Verzögerungszeit des 64 Bit Transfers lässt sich mit dem internen 32 Bit breiten Verbindungsnetzwerk begründen.

Paarvergleich In einen nachfolgenden Schritt werden die Kollisionen der einzelnen Messungen mithilfe eines Paarvergleichs gegenüber gestellt. Dies stellt die möglichen Abhängigkeiten der einzelnen Netzwerkabschnitte dar. Treten Abhängigkeiten auf, so lassen sich die maximalen Verzögerungen auf den einzelnen Abschnitten festhalten. Tabelle 1 zeigt die durchschnittliche Verzögerung.

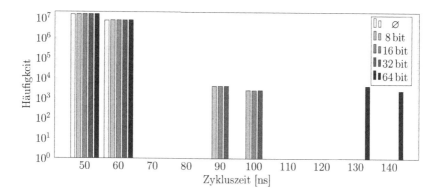

Abb. 3. Häufigkeitsverteilung konkurrierender Zugriffe

Anhand Tabelle 1 lässt sich feststellen, dass nicht alle Pfade in Abhängigkeit zueinander stehen. Diese Erkenntnisse bestätigen den im Handbuch dargestellten Aufbau des *E/A-Crossbar Switch* (vgl. hierzu die schematische Darstellung in Abb. 1), an dem die verschiedenen Teilnehmer angebunden sind. Gut ersichtlich ist, dass sowohl UART, der High-End Timer (N2HET) (in diesem Test als GIO konfiguriert) und der GIO an einem gemeinsamen Bus hängen, wohingegen das RTI an einen weiteren Bus angeschlossen ist.

Tabelle 1. Verzögerung bei gleichzeitigem Transfer

DMAC \ CPU	$RTI_{lesen}^{32\,Bit}$	$N2HET_{schreiben}^{32\,Bit}$	$GIO_{schreiben}^{32\,Bit}$
deaktiviert	$\varnothing$	$\varnothing$	$\varnothing$
$RTI_{lesen}^{8\,Bit}$	27 ns	$\varnothing$	$\varnothing$
$RTI_{lesen}^{16\,Bit}$	27 ns	$\varnothing$	$\varnothing$
$RTI_{lesen}^{32\,Bit}$	27 ns	$\varnothing$	$\varnothing$
$RTI_{lesen}^{64\,Bit}$	67 ns	$\varnothing$	$\varnothing$
$UART_{lesen}^{8\,Bit}$	$\varnothing$	40 ns	40 ns
$UART_{lesen}^{16\,Bit}$	$\varnothing$	40 ns	40 ns
$UART_{lesen}^{32\,Bit}$	$\varnothing$	40 ns	40 ns
$UART_{lesen}^{64\,Bit}$	$\varnothing$	80 ns	80 ns

5   Fazit und Ausblick

Es wurde gezeigt, dass es durch den Einsatz von Mikrobenchmarks möglich ist, an nicht publizierte Entwurfsdaten eines Mikrocontrollers zu gelangen. Dabei handelt es sich zwar um ein aufwendiges, dennoch machbares Unterfangen im Vergleich zu anderen Reverse-Engineering Verfahren eines ICs (vgl. [5]). Zudem fallen neben den Untersuchungen bezüglich der zeitlichen Informationen weitere Erkenntnisse über nicht sofort ersichtliche Entwurfsdaten an. Hierbei sind insbesondere das das Request-Handling des LIN/SCI Controllers zu nennen. Dieser generiert keine weiteren Events, solange die vorher angefallenen Daten nicht aus dem Empfangsregister gelesen worden sind. Diese Informationen sind für die generelle Zertifizierung der Systeme nach ISO 26262 oder DO-254 von Interesse und können somit wiederverwendet werden.

Anhand der gewonnenen Einzelergebnisse werden in nachfolgenden Arbeiten ein Gesamtüberblick über den MCU geschaffen. Angedacht ist dies mithilfe eines Modells, das aus allgemein gültigen Komponenten besteht und mit mithilfe der Mikrobenchmarks an den jeweiligen MCU quantifiziert. Durch eine Simulation der Modelle lassen sich die gewonnenen Ergebnisse anhand von Vergleichen mit der Realhardware validieren und bei abweichendem verhalten iterativ verbessern.

6   Danksagung

Diese Arbeit wird unterstützt durch das Projekt FORMUS³IC „Multi-Core safe and software-intensive Systems Improvement Community" unter dem Förderkennzeichen AZ-1165-15 der Bayerischen Forschungsstiftung.

Literaturverzeichnis

1. Esteban Asensio, Ismael Lafoz, Andrew Coombes, et al.: Worst-Case Execution Time Analysis Approach for Safety-Critical Airborne Software, Reliable Software Technologies – Ada-Europe 2013, Springer, Januar 2013
2. Christian Ferdinand: Worst case execution time prediction by static program analysis, 18th International Parallel and Distributed Processing, Symposium, 2004. Proceedings, April 2004
3. Johannes Hofmann, Dietmar Fey, Jan Eitzinger, et al.: Analysis of Intel's Haswell Microarchitecture Using the ECM Model and Microbenchmarks 29th International Conference on Architecture of Computing Systems – ARCS 2016, Januar 2016
4. Special C. of RTCA: DO-178C – Software Considerations in Airborne Systems and Equipment Certification, Radio Technical Commission for Aeronautics, Dezember 2011
5. Randy Torrance, Dick James: The State-of-the-Art in IC Reverse Engineering, Cryptographic Hardware and Embedded Systems – CHES 2009, Springer, January 2009
6. Sebastian Hiergeist, Florian Holzapfel: Fault-tolerant FCC Architecture for future UAV systems based on COTS SoC, 29th International Conference on Architecture of Computing Systems – ARCS 2016, Nuremberg, Germany, 2016
7. Reinhard Wilhelm, Jakob Engblom, Andreas Ermedahl et. al: The Worst-case Execution-time Problem – Overview of Methods and Survey of Tools, ACM Transactions on Embedded Computing Systems, Volume 7 Issue 3, April 2008, Article No. 36

Vermeidung dynamischer Betriebsmittelverwaltung in sicherheitsgerichteten Echtzeitystemen

Daniel Koß

daniel.koss@posteo.de

Zusammenfassung. Einsatz von Betriebssystemen ist auch in sicherheitsgerichteten Umgebungen zum technischen Standard geworden. Obwohl es praktische Gründe gibt, Software auf der Grundlage eines Betriebssystems zu entwickeln, bestehen gewichtige Nachteile, die ausschließlich durch zur Laufzeit konkurrierende und um knappe Betriebsmittel ringende Prozesse bedingt sind. Es werden Techniken innerhalb von Betriebssystemen identifiziert, die Probleme bei der Verwaltung von Betriebsmitteln in den dynamischen Umgebungen sicherheitsrelevanter Systeme verursachen. Als Lösung werden alternative Techniken vorgestellt, um den Einsatz von Betriebssystemen zu vermeiden. Abschließend wird ein Ausblick gegeben, wie die sicherheitsgerichteten, eingebetteten Echtzeitsystemen innewohnende Betriebsmittelknappheit von der Spezifikation bis zur Implementierung vermieden werden kann.

1 Einführung

Der Einsatz von Betriebssystemen in eingebetteten Systemen, sowohl unter nicht-sicherheitsrelevanten als auch unter sicherheitsrelevanten Bedingungen, ist zum technischen Standard in Anwendungen der Prozessautomatisierung geworden. Während unter nicht-sicherheitsrelevanten Bedingungen häufig auf minimalisierte Standardbetriebssysteme zurückgegriffen werden kann, sind in sicherheitsrelevanten Umgebungen oft spezialisierte Betriebssysteme vonnöten, die unbedingt einzuhaltende Antwortzeiten garantieren können. Hierfür kommen Echtzeitbetriebssysteme zum Einsatz.

Generell sollen Betriebssysteme als Schnittstelle zwischen Hardware- und Softwareanteilen fungieren, indem sie

- von der vorhandenen Hardware dergestalt abstrahieren, dass Software standardisiert und gegebenenfalls plattformunabhängig, das heißt unabhängig von der verwendeten Hardware auf diese zugreifen kann *(Abstraktion)*,
- der Software Protokolle und Zugriffsmethoden auf die Hardware zur Verfügung stellen, sodass die Software nicht für jede abweichende Applikation von Grund auf neu entwickelt werden muss *(Wiederverwendbarkeit)*,
- vorhandene, knappe Systembetriebsmittel, zum Beispiel Arbeitsspeicher, Buszugriffe oder Rechenzeit, für den Zugriff unterschiedlicher Applikationen verwalten *(Verwaltbarkeit)*,

– einem potentiellen Benutzer einen komfortablen, sicheren und abgeschotteten Zugriff auf das Gesamtsystem gewähren *(Bedienbarkeit)* und
– Applikationen Schutz vor absichtlich oder unabsichtlich zerstörerischem Verhalten anderer, parallel laufender Applikationen bieten *(Abschottung)*.

2   Diskussion des Standes der Technik

2.1   Komplexität

Durch den geforderten enormen Funktionsumfang sind Betriebssysteme komplexe Softwaregebilde. Sie bestehen mitunter aus Treiberfunktionen für Hardwarekomponenten, Protokollen für verschiedene Bustypen, Zeitverwaltungsalgorithmen für den Betriebsmittelzugriff von Applikationen sowie abstrahierten Zugriff auf Systemfunktionalitäten für verschiedene Systemarchitekturen. All diese Funktionen müssen zusammenspielen und können nur begrenzt in jeder erdenklichen Ausprägung getestet werden, da die konkrete Funktion vom konkreten Anwendungsfall abhängt, der im Bereich der eingebetteten Systeme unterschiedlichst ausgeprägt sein kann. Das Problem ist nicht nur, dass das Zusammenspiel der Teilkomponenten bei einem derart komplexen System für jeden Anwendungsfall schwer vorhersehbar ist. Naturgemäß kann jede der Teilkomponenten auch fehlerbehaftet sein. Durch die Abstraktion fällt die Fehlersuche in einem Betriebssystem für den Anwender mitunter schwer, da ihm Detailkenntnisse verborgen bleiben. Das Problem wird dadurch noch verschärft, dass in proprietären Betriebssystemen der Quellcode möglicherweise nicht zugänglich ist, sodass sich eine tiefere Detailanalyse als unmöglich herausstellen kann. Bei quelloffenen Betriebssystemen kann zwar die Fehleranalyse des Betriebssystems erfolgreich sein, mitunter findet sich aber keine verantwortliche Institution, um Probleme auch zeitnah zu beheben.

Ein System ist umso fehleranfälliger, je komplexer es aufgebaut ist. Ein wesentliches Merkmal, um die Fehleranfälligkeit eines Systems im Vorfeld zu vermeiden, ist radikale Einfachheit des Systemaufbaus [4, S. 15]. Zur Fehlerbehebung einer Funktion, die aus Hardware- und Softwarekomponenten besteht, ist detailliertes Systemwissen erforderlich. Dieses ist bei einfachen Systemen naturgemäß besser zu erreichen als bei komplexen Systemen mit mehreren Abstraktionsschichten und umfangreichen Funktionalitäten.

2.2   Nebenläufigkeit

Da eines der am meisten beanspruchten Betriebsmittel in einem System aus Hardware und Software die Rechenzeit ist, ist diese in der Regel knapp. Dies bedeutet, dass verschiedene Prozesse um das Betriebsmittel *Rechenzeit* zu jeder Zeit konkurrieren. Daraus folgt, dass das Betriebssystem zwischen gleichzeitig ablaufbereiten Prozessen auswählen muss. Diese Auswahl darf in einem sicherheitsgerichteten System keinesfalls zufällig geschehen, sondern muss nach strengen Regeln und planbar erfolgen. Dafür wurden die im Folgenden aufgelisteten Mechanismen entwickelt.

Prozesszustände Dass Prozesse miteinander konkurrieren können, führt zunächst dazu, dass sie unterschiedliche Zustände innerhalb ihres Ablaufverhaltens einnehmen können. Diese sind nach [9, S. 50]:

- Bereit: der Prozess wurde gestartet und er ist bereit, ausgeführt zu werden; es wurde ihm aber noch keine Rechenzeit zugeteilt,
- Aktiv: dem Prozess wurde Rechenzeit zugewiesen; er wird gerade ausgeführt,
- Blockiert: der ausgeführte Prozess wird in seiner Ausführung angehalten.

Prinzipiell führt die Verdrängung aktiver Prozesse dazu, dass sie einen wartenden Ruhezustand einnehmen, also nichts tun. Für Echtzeitbetriebssysteme bedeutet dies, dass die blockierten Prozesse Gefahr laufen, ihre Zeitschranken zu verletzen. Daher muss die Verwaltung der Zeitschranken Teil der Beurteilung von Prozessen sein, wann diese ausgeführt werden sollen und wann nicht.

Prioritäten Da bei knappem Betriebsmittel Rechenzeit nicht alle Prozesse gleichzeitig aktiv sein können, muss, wie bereits erwähnt, zwischen ablaufbereiten Prozessen ausgewählt werden. Das Konzept der Prioritäten stuft sämtliche ablaufbereiten Prozesse nach ihrer Wichtigkeit ein. Prozesse hoher Priorität werden entsprechend bevorzugt vor Prozessen niedriger Priorität behandelt.

Nun können sich Prioritäten während der Laufzeit natürlich ändern, zum Beispiel wenn die Zeitschranke für einen Prozess näher rückt oder sich die Umgebungsbedingungen dergestalt geändert haben, dass ein Prozess nun weniger wichtig ist als zuvor. Dafür gibt es verschiedene Strategien:

1. Fertigstellung, das heißt der aktuelle Prozess wird erst vollständig abgearbeitet, bis der höher priorisierte Prozess übernehmen kann,
2. Verdrängung, das heißt der aktuelle Prozess wird unmittelbar verdrängt und der höher priorisierte Prozess wird ausgeführt.

Den verschiedenen Strategien wohnen folgende Probleme inne:

- zu 1: Hier kommt es zur sogenannten Prioriäteninversion, was bedeutet, dass einem eigentlich niedriger priorisierten Prozess, nämlich dem aktuell ausgeführten, Vorrang vor einem höher priorisierten gegeben wird, dem nach Änderung der Priorität nun die Rechenzeit zustehen würde [3, S. 182ff].
- zu 2: Hier wird einem Prozess, der sich gerade in einer Berechnung befindet oder auf ein Betriebsmittel zugreift, unmittelbar die Rechenzeit entzogen. Dies kann dazu führen, dass Betriebsmittel, auf die der Prozess gerade zugegriffen hat, undefinierte Zustände annehmen oder ungültige Daten enthalten.

Zeitschranken An Stelle von Prioritäten kommen in sicherheitsgerichteten Echtzeitsystemen zeitgesteuerte Ablaufverwaltungen zum Einsatz (vergleiche [3, S. 93ff]). Es muss erwähnt werden, dass allein die Steuerung nach Zeitschranken nicht zwischen der Wichtigkeit verschiedener Prozesse entscheiden kann. So kann durchaus eine unwichtige Statusbotschaft mit näherer Zeitschranke vor einem wichtigen Alarm, dessen Zeitschranke weiter entfernt in der Zukunft liegt, bevorzugt mit Rechenzeit versorgt werden.

Ein Nachteil der zeitschrankengesteuerten Ablaufverwaltung liegt darin, dass es keine festgelegte Reihenfolge ablaufbereiter Prozesse gibt. Die parallele Einführung einer *Wichtigkeit* eines Prozesses, wie zum Beispiel in [3, S. 230] vorgeschlagen, sowie weitere Metainformationen, welche eine Wichtigkeit und Sortierbarkeit innerhalb der Zeitschranken erlauben [2], erhöhen hierbei zwangsläufig die Komplexität und definieren eine Unterpriorisierung innerhalb des Zeitschrankenkonstruktes. Besonders kritisch ist der Fall einer Überlastsituation, wenn die Zeitschranken nicht mehr eingehalten werden können. Hier gibt es keine Möglichkeit, zwischen wichtigeren Prozessen zu unterscheiden, sodass ein sogenannter *Dominoeffekt* eintritt, bei dem sämtliche nachfolgenden Prozesse in der Überlastsituation Gefahr laufen, ihre Zeitschranken zu verpassen [3, S. 225].

Unterbrechungen kommen dort zum Einsatz, wo vom regulären, eventuell statisch geplanten, Ablauf eines Systems abgewichen werden muss. Dies kann dann geschehen, wenn unvorhergesehene Ereignisse auftreten oder sich die Reihenfolge vorhersehbarer Ereignisse ändert, zum Beispiel beim Ausfall eines Subsystems.

Technisch geschieht das Folgende: ein laufender Prozess belegt den Prozessor und gegebenenfalls andere Betriebsmittel. Stellt das Betriebssystem fest, dass ein anderer Prozess durch eine Unterbrechungsanforderung Vorzug erhalten soll, wird der laufende Prozess gestoppt und sein aktueller Zustand, repräsentiert durch den Programmzähler sowie die Registerinhalte, gespeichert. Dieser Vorgang kann zu jeder Zeit während des laufenden Prozesses oder zu definierten, erlaubten Unterbrechungszeitpunkten initiiert werden. Anschließend wird der bevorzugte Prozess, samt Programmzähler und Registerinhalten, in den Prozessor geladen und zur Ausführung gebracht.

Natürlich konsumiert dieser Verdrängungsvorgang Rechenzeit, während derer das System stillsteht [9, S. 85]. Des Weiteren ist nicht klar, wie lange ein unterbrochener Prozess still stehen wird, da der unterbrechende Prozess unvorhersehbar lang den Prozessor blockieren kann. Somit läuft ein verdrängter Prozess gegebenenfalls Gefahr, seine Zeitschranken zu überziehen. Damit dies nicht geschieht, muss das Betriebssystem zu jeder Zeit den Überblick über die verdrängten Prozesse samt ihrer Zeitschranken behalten, was einen zusätzlichen Verwaltungsaufwand bedeutet.

Zeitverwaltungsalgorithmen Die dynamische Planung von Aufgaben zur Laufzeit ist ein komplexes Unterfangen. Es wird versucht, die Schwächen der Konzepte Prioritäten und Zeitschranken durch Entwerfen immer komplizierterer Planungskonzepte und -algorithmen abzuschwächen. Teilweise sind die Algorithmen für konkrete Anwendungsfälle der dynamischen Aufgabenplanung hochspezialisiert. So kann das Betriebssystem aus einer Menge von Planungsalgorithmen bei sich ändernden Umgebungsbedingungen zur Laufzeit auswählen (vergleiche [3, S. 149ff]) und den mutmaßlich besten Algorithmus für eine Situation bestimmen, oder es muss im Vorfeld ein Planungsalgorithmus ausgewählt werden, der mutmaßlich zu dem späteren Laufzeitsystem passt. So oder so ist kein planvolles Vorgehen gegeben. Entweder wird die Entscheidung auf das Laufzeitsystem verschoben oder im Vorfeld eine pauschale, gegebenenfalls unpassende, Annahme für ein dynamisches Laufzeitsystem getroffen. Bezüglich zutreffender Annahmen über und einer Auswahl von Zeitverwaltungsalgorithmen vergleiche [3, S. 51ff].

Dieses Vorgehen entlastet den Entwickler einer Applikation von allzu tiefem Systemverständnis. Leider ist die Konsequenz daraus, dass die Planung der Aufgaben und Prozesse zur Laufzeit allein dem Betriebssystem beziehungsweise dem Planungsalgorithmus überlassen wird. Diese können die Besonderheiten des eingebetteten Systems und dessen hochspezifischer Umgebung aber nicht kennen, sodass dieses Vorgehen eher besserem Raten gleicht. Über hybride Zeitverwaltungsalgorithmen, welche sowohl periodisch als auch aperiodisch auftretende Ereignisse behandeln können sollen, wird in [3, S. 109ff] sowie [3, S. 149ff] ausführlich berichtet. Hier wird zum Beispiel vorausgesetzt, dass kritische Ereignisse eine gewisse Auftretensfrequenz nicht überschreiten [3, S. 109], sowie, dass aperiodische Ereignisse keine Zeitschranken aufweisen dürfen [3, S. 150], was im Vorfeld auf Systemebene entsprechend sichergestellt werden muss.

2.3   Interprozesskommunikation

Um Informationen zwischen Prozessen auszutauschen, sind spezielle Strategien vonnöten, da ansonsten Inkonsistenzen beziehungsweise ungültige Daten bis hin zu undefinierten Zuständen innerhalb des Gesamtsystems auftreten können.

Geteilte Speicherstellen Der einfachste denkbare Fall einer Interprozesskommunikation ist eine Speicherstelle, die von mehreren Prozessen gelesen und beschrieben werden kann. Jeder Prozess kann zu jeder Zeit auf diese Speicherstelle zugreifen und sie nach Belieben beschreiben oder auslesen. Der Nachteil ist hierbei, dass die Gültigkeit der Daten in dieser Speicherstelle nicht definiert ist. Es tritt das sogenannte *Kooperationsproblem* [1, S. 50] auf, bei dem der Zugriff in einer festgelegten Reihenfolge erfolgen muss, welche aber nicht sichergestellt werden kann, da es keine überwachende Instanz gibt.

Des Weiteren kann, bei gleichzeitigem Zugriff auf die Speicherstelle durch verschiedene Prozesse, nicht entschieden werden, welchen Zustand die Daten haben. Dieses Dilemma wird als *Problem des gegenseitigen Ausschlusses* bezeichnet [1, S. 50]. Aufgrund der Zustandsunsicherheit wird das Verfahren der ungesicherten, gemeinsamen Speicherstellen zumeist durch Betriebssysteme nicht unterstützt.

Benachrichtigungen Beim Versenden von *Nachrichten* zwischen Prozessen übernimmt das Betriebssystem die Verwaltung der Nachrichtenaus- und -eingänge. Ein Prozess schickt eine Nachricht, deren Inhalt vom Betriebssystem nicht ausgewertet wird, an eine Zieladresse. Diese ist dem Betriebssystem bekannt und dem entsprechenden Prozess wird die Nachricht zugestellt. Dieses als *Briefkastenprinzip* [9, S. 80ff] bezeichnete Verfahren ist an sich unkompliziert und sicher, da durch das Betriebssystem gewährleistet ist, dass Nachrichten ihren korrekten Bestimmungsort erreichen und dass dies zeitnah geschieht.

Nachteilig ist das Verfahren dann, wenn es um zeitgerechte Zustellung inner-
halb eines definierten Zeitraumes geht und gleichzeitig viele Nachrichten versen-
det werden müssen, zum Beispiel bei einer Anhäufung von Systemereignissen.
Dann kann es mitunter unkalkulierbar sein, wann eine Nachricht ihren Bestim-
mungsort erreicht und in welcher Reihenfolge die Nachrichten verschickt werden.
Außerdem obliegt die Priorisierung der Nachrichten und deren Zustellung dem
Betriebssystem. Ein einzelner Prozess kann also nicht sicherstellen, dass seine
Nachricht innerhalb der gesetzten Zeitschranke ihren Bestimmungsort erreicht.
Genauso wenig ist sichergestellt, dass Nachrichten in der Reihenfolge ihr Ziel
erreichen, in dem ihr jeweils zugrunde liegendes Ereignis stattgefunden hat.

Gegenseitiger Ausschluss Mit *gegenseitigem Ausschluss* werden gemeinsame,
zwischen Prozessen und Aufgaben geteilte Speicherbereiche zur prozessübergrei-
fenden Kommunikation bezeichnet, auf die nicht gleichzeitig, sondern nur unter
Ausschluss gegenseitiger Veränderung zugegriffen werden darf [9, S. 85]. Hat ein
Prozess gerade Zugriff auf eine solche Speicherstelle erlangt, so wird sie als gesperrt markiert, sodass kein anderer Prozess Daten dieser Speicherstelle durch
gleichzeitigen Zugriff verfälschen oder veränderliche Daten, die gerade verändert werden, verwenden kann. Erst wenn der zugreifende Prozess signalisiert,
dass seine Bearbeitung beendet wurde, wird die Speicherstelle für den Gebrauch
durch andere Prozesse freigegeben. Für die konkrete Umsetzung bietet ein Betriebssystem in der Regel sogenannte Semaphoren, Mutexe oder Monitore an
und übernimmt damit die Verwaltung der kritischen Regionen.

Problematisch an diesen Konzepten ist zunächst die Einschränkung deterministischen Verhaltens. Zum Beispiel ist bei Blockierung eines Bereiches nicht
vorhersehbar, wann dieser wieder freigegeben wird, womit ein wartender Prozess gegebenenfalls seine Zeitschranken überschreitet [3, S. 289]. Auch obliegt
dem Applikationsentwickler die Verantwortung, die Speicherstelle nach einem
Beschreiben oder Lesen wieder freizugeben. Wird dies vergessen, so verbleibt die
Speicherstelle gesperrt und ist anderen Prozessen nicht mehr zugänglich. Des
Weiteren wird, durch die in 2.2 erwähnte Verdrängung höher priorisierter Prozesse, die Speicherstelle gegebenenfalls in einem inkonsistenten oder veralteten
Zustand hinterlassen, sodass der Folgeprozess mit falschen Daten weiter arbeitet.

2.4 Betriebsmittelabstraktion

In Abschnitt 1 wurde erwähnt, dass eines der Ziele eines Betriebssystems ist,
von der darunterliegenden Hardware zu abstrahieren. Einerseits ist das für den
Systementwickler vorteilhaft, da er oder sie sich nicht im Detail mit jeder Schnittstelle einzeln auseinandersetzen muss, sondern auf generische Schnittstellenab-
straktionen zugreifen kann. Nachteilig ist allerdings, dass dem Entwickler zum
Zeitpunkt des Entwickelns nicht jedes Detail bekannt sein muss, zum Beispiel
bezüglich der seiner Applikation zustehender Kontigente an Rechenzeit oder Arbeitsspeicher. Dadurch kann der Entwickler nicht zum Zeitpunkt des Entwickelns
prüfen, inwiefern er oder sie sich den Grenzen der konfliktfreien Betriebsmittel-
belegung im Zusammenspiel mit anderen Applikationen nähert.

3   Alternativen

Es mag immer Abwägungen zwischen zeitlichen, monetären und qualitativen Gesichtspunkten geben, bei denen der Gebrauch von Betriebssystemen durchaus sinnvoll ist. Auch wird es Anwendungsfälle geben, für die der komplette Neuentwurf eines System indiskutabel erscheint, sodass auf eine Erweiterung eines bestehenden Systems gesetzt wird. Dennoch sollen im Folgenden alternative Möglichkeiten aufgezeigt werden, wie sicherheitsgerichtete Echtzeitsysteme ohne den Gebrauch von Betriebssystemen entworfen werden können.

3.1   Hardware

Liegt ein rein reaktives System vor, so kann die Systembeschreibung direkt in Form einer Hardwarebeschreibung geschehen, zum Beispiel mit den Beschreibungssprachen VHDL oder Verilog. So kann nicht nur die Gesamtkomplexität durch Weglassen von Betriebssystem und Software reduziert werden, sondern das System ist damit sogar besser test- und simulierbar. Vorhersagen über das Verhalten lassen sich schon zum Entwurfszeitpunkt machen, die maximalen Gatterlaufzeiten sind simulierbar und frühzeitig verifizierbar.

Ein Nachteil dieser Vorgehensweise ist, dass auf umfangreiche Bibliotheken oder Rahmenwerke zugegriffen werden muss, zum Beispiel bei der Verwendung von standardisierten Bussystemen, Treibern für komplexe Betriebsmittel oder wiederzuverwendender Software, die bereits als betriebsbewährtes Modul vorliegt. Ebenfalls ist es eher anspruchsvoll, ein System in einer Hardwarebeschreibung aufzubauen, wenn umfangreiche Zeitfenstervorgaben oder komplexe Interaktionen zwischen Prozessen einzuhalten sind.

3.2   Hardwarenahe Software

Hardwarenahe Software beschreibt die Programmierung eines Systems aus programmierbaren Komponenten möglichst in der nativen Maschinensprache ohne den Umweg über eine höhere Programmiersprache, welche von der Hardwarearchitektur abstrahiert. Für Prozessoren bedeutet dies in der Regel, dass Assembler-Sprache Verwendung findet. Diese hat den Vorteil möglichst kleiner Softwaremodule, da diese wenig Ballast in Form von Standardmodulen mit sich führen müssen. Softwarekonstrukte, die in Assembler geschrieben sind, sind nicht nur kleiner und überschaubarer, es sind zur Erzeugung von Maschinencode auch weniger und vor allem weniger komplexe Werkzeuge beteiligt. Das reduziert die Fehlereinbringung durch versteckte Fehler in Drittwerkzeugen.

Der Nachteil einer Entwicklung in maschinennahem Code ist die schwere Verständlichkeit. Diese wird einerseits durch nur umständlich umzusetzende Modularität verursacht, was dazu führt, dass der Überblick über die Funktionalität schnell verloren gehen kann. Andererseits sind die sequentiellen Strukturen und minimalen Befehle in Assemblercode zwar optimal an die Zielmaschine angepasst und damit performant und deterministisch, allerdings entzicht sich der Zielcode durch die Minimalität strukturell dem menschlichen Verständnis. Des Weiteren hängt die Effizienz und der logische Aufbau des Codes sehr von den Fähigkeiten des Programmierers ab und nicht von strukturierten Vorgaben, wie es bei modernen Hochsprachen der Fall ist [3, S. 2].

3.3 Rahmenwerke

Mit Rahmenwerken werden Softwarekonstrukte bezeichnet, welche zum Zeitpunkt der Entwicklung als Hilfsmittel in den eigentlichen Softwarequellcode eingebunden werden und einen gewissen Grad der Abstraktion darstellen. Ein Rahmenwerk definiert Zugriffsarten auf Betriebsmittel, abstrahiert von Hardware und anderen Betriebsmitteln und schreibt Zugriffsmethoden auf diese vor. Damit schafft es einerseits ein Kompendium an spezifischer Funktionalität sowie andererseits eine, eventuell gewünschte, Einschränkung der Freiheit des Entwicklers. Manche Betriebssysteme liegen als Rahmenwerk vor, was dazu führt, dass deren Einbinden zum Zeitpunkt des plattformabhängigen Bauens von Software einem auf das Zielsystem zugeschnittenen Betriebssystem entspricht. Teile, die nicht benötigt werden, können zum Zeitpunkt des Kompilierens verworfen werden. Dies stellt ein minimales und gleichzeitig adäquates, das heißt auf seinen jeweiligen Anwendungszweck hin zugeschnittenes, System in Hinsicht auf die verfügbaren Betriebsmittel und Funktionalitäten dar.

3.4 Werkzeugketten

Für die Entwicklung eines elektronischen, programmierbaren Systems kommen, je nach Entwicklungsphase, verschiedene Softwarewerkzeuge zum Einsatz. So wird digitale Hardwarelogik mittels eines Schaltungsentwurfs oder, im unfangreicheren Fall, mittels einer Hardwarebeschreibungssprache beschrieben. Software, also die Ablaufvorschrift für ein programmierbares System, wird in der Regel mit einer sequentiellen, modularen und abstrahierenden Programmiersprache beschrieben. Die Beschreibung von Anforderungen und Spezifikationen erfolgt mittels grafischen Modellierungswerkzeugen und datenbankbasierten Textbeschreibungen. Die Gesamtheit der im zeitlichen Verlauf der Systementwicklung verwendeten Werkzeuge wird als Werkzeugkette bezeichnet. Stand der Technik ist, dass jedes Werkzeug im Wesentlichen für sich allein steht und eine Übergabe an das nächste Werkzeug, um den nächsten Entwicklungsschritt einzuleiten, nur begrenzt koordiniert erfolgt. Hier besteht Optimierungspotential in der Hinsicht, dass das vorhergehende Werkzeug den Rahmen für die folgende Phase vorgibt.

Am Beginn der Systementwicklung steht die Anforderungsmodellierung, in der die geforderten funktionalen und nichtfunktionalen Anforderungen spezifiziert werden. Das Ergebnis ist eine Funktionsspezifikation. Diese enthält neben den geforderten Funktionen auch die Rahmenbedingungen für das System, wie zum Beispiel Zeitschranken und Akzeptanzkriterien. Das heißt, dass das System zu jeder Zeit gegen die Funktionsspezifikation verifiziert werden kann. Aus der Funktionsspezifikation heraus können nun der Rumpf einer Softwarearchitektur abgeleitet und zum Beispiel einzubindende Module, die Anzahl zu unterstützender Prozesse und Aufgaben sowie die Rahmenbedingungen für Zeitschranken festgelegt werden. Es kann für jede geforderte, dedizierte Funktion aus der Systemspezifikation ein eigener Softwareprozess angenommen werden, für den bereits die zugrunde liegenden Softwaremodulrümpfe erstellt werden, sodass diese weitgehend unabhängig voneinander bearbeitet werden können. An dieser Stelle müssen noch keine Einschränkungen durch Betriebsmittelengpässe oder sonstige Optimierungen erfolgen. Die Funktionen können entwickelt werden, ohne sich den Einschränkungen knapper Betriebsmittel unterwerfen zu müssen. Auch sind mit diesem Ansatz keine dynamischen Betriebsmittelverwaltungen, also Betriebssysteme, vonnöten, da es keine knappen Betriebsmittel gibt, die verwaltet werden müssten. Im Gegensatz zur sonst üblichen Vorgehensweise, Hardware im Anschluss an die Anforderungsmodellierung zu entwickeln und dann die Software in das enge Korsett knapper Betriebsmittel zu zwängen, kann nun die Hardware auf Grundlage der von der Software benötigten Betriebsmittel ausgelegt werden. Ist die Softwarearchitektur festgelegt, kann daraus ein Rahmen für die darauf folgende Hardwareentwicklung gesteckt werden. Um das Prinzip der dedizierten Prozesse für jede Funktion fortzuführen, wird in der nun anstehenden Auslegung der Hardwarearchitektur zunächst ein Bearbeitungspfad für jeden Softwareprozess angedacht. Das kann im Rahmen der Verwendung eines Prozessors dazu führen, dass jedem Prozess ein eigener Prozessorkern zugewiesen wird. Auch der notwendige Permanentspeicher ist durch die frühzeitige Softwareerstellung bekannt und kann adäquat aus den Softwareanforderungen, namentlich der Programmgröße der einzelnen Softwarefunktionen, festgelegt werden. Ebenso wird mit dem Arbeitsspeicher verfahren, welcher adäquat an den Bedarf des jeweiligen Funktionsprogramms angepasst werden kann. Kommunikationsschnittstellen lassen sich ebenso aus den notwendigen Interaktionen der Prozesse ableiten. Unnötige, tote Schnittstellen können von vornherein vermieden werden. Nach obiger Vorgehensweise entstehen betriebsmitteladäquate Systeme, die nicht nur ihre Spezifikationen erfüllen, sondern zur Laufzeit auch genau über die benötigten Betriebsmittel verfügen.

4   Fazit

Es wurde festgestellt, dass die meisten technischen Konstrukte, die in Echtzeitbetriebssystemen zum Einsatz kommen, aufgrund ihrer Komplexität oder ihres generischen Ansatzes nicht für den höchst individuellen und maßgeschneiderten Einsatz in sicherheitsgerichteten Echtzeitsystemen geeignet sind. Das Problem bei der Vorgehensweise, nicht jeden Einsatzzweck individuell zu betrachten, liegt darin, dass generische Ansätze nur mittels Fallunterscheidungen, Ausnahmen, Abzweigungen und verschiedenen Lösungsansätzen einen konkreten Einsatz abdecken können. Dadurch steigt notwendigerweise die Komplexität von Echtzeitbetriebssystemen an, was dazu führt, dass Einfachheit und Verständlichkeit signifikant leiden. Als Resultat ist die Testbarkeit solcher Systeme erschwert und kann damit nur einen Bruchteil der relevanten Fälle abdecken. Des Weiteren ist das Risiko unerkannter, gefährlicher Restfehler erhöht, wodurch von diesen Systemen eine erhöhte Gefährdung für Mensch und Umwelt ausgeht. Es wurde gezeigt, dass ein Zuwachs an Komplexität zumeist eine architektonische Schwäche offenbart, welche aus der Weiterentwicklung einer Lösung für einen ganz spezifischen, für den neuen Fall eventuell ungeeigneten, Ansatz resultiert.

5   Ausblick

Eine Voraussetzung für den Entwurf sicherheitsgerichteter Systeme ist die kompromisslose Einfachheit derselben. Nur dadurch ist es möglich, dass die Systeme gut verstanden werden, wodurch Schwachstellen aufgedeckt und schnell behoben werden können. Die einzige Lösung für dieses Dilemma ist der weitestgehende Verzicht auf die Wiederverwendung von Altlasten, despektierlich auch als *Kopieren-und-Einfügen* bekannt, sowie jeweils der grundlegende Neuaufbau sicherheitsgerichteter Systeme. Es muss von den beteiligten Parteien ein umfassendes Systemverständnis verlangt werden und nicht nur eine Konzentration auf einzelne Verantwortlichkeiten und eingebundene Module. Dies schließt übrigens nicht die Wiederverwendbarkeit bereits etablierter Technologien aus. Allerdings müssen auch wiederzuverwendende Technologien einer kritischen Prüfung unterzogen und für sie ein tieferes Verständnis entwickelt werden, bevor sie in die Systementwicklung einfließen können. Die Entwurfskette muss in der Zukunft bei der Spezifikation ansetzen, aus welcher direkt die Systembestandteile abgeleitet werden können, sodass sich ein Rahmen für den Entwurf von Hardware und Software aus der Spezifikation ergibt. Sodann kann das Zielsystem als betriebsmitteladäquat, das heißt seinem Einsatzzweck exakt entsprechend, ausgelegt werden. Der Grad der durchgängigen Vorwärts- und Rückwärtsverfolgbarkeit von der Spezifikation zum fertigem System kann eine Metrik für die korrekte Anwendung dieses Vorgehens sein.

Literaturverzeichnis

1. Benra, J.; Halang, W.A.: Software-Entwicklung für Echtzeitsysteme, Berlin-Heidelberg: Springer-Verlag 2009.
2. Buttazzo, G.C.; Stankovic, J.: Red: Robust earliest deadline scheduling, Proceedings of the Third International Workshop on Responsive Computing, 1993.
3. Buttazzo, G.C.: Hard Real-Time Computing Systems, Boston: Kluwer Academic Publishers 2002.
4. Halang, W.A.; Konakovsky, R.M.: Sicherheitsgerichtete Echtzeitsysteme, Heidelberg: Springer Vieweg 2013.
5. International Electrotechnical Commission: IEC 61508-0 – Part 0: Functional safety and IEC 61508, 2010.
6. International Electrotechnical Commission: IEC 61508-2 – Part 2: Requirements for electrical/electronic/programmable electronic safety-related systems, 2010.
7. International Electrotechnical Commission: IEC 61508-3 – Part 3: Software requirements, 2010.
8. International Electrotechnical Commission: IEC 61508-7 – Part 7: Overview of techniques and measures, 2010.
9. Schmidt, C.: Echtzeit-Betriebssysteme für Mikrocomputer, München: Markt-und-Technik-Verlag 1984.

Überwachung des Kontroll- und Datenflusses bei der Programmausführung

Stefan Widmann

stefan.widmann@gmx.de

Zusammenfassung. Eingebettete Systeme werden in zunehmendem Maße in sicherheitsgerichteten Anwendungen eingesetzt, so z. B. in Form des Lenkens „steer-by-wire" und Bremsens „brakc-by-wire" im Automobilbereich. Die Komplexität der in diesen Systemen eingesetzten Hard- und Software steigt, und die fortwährende Verkleinerung der Strukturbreiten in integrierten Schaltkreisen macht diese immer empfindlicher gegenüber Umgebungseinflüssen wie Strahlung, was sich in einer steigenden Wahrscheinlichkeit von Kontroll- und Datenflussfehlern auswirkt. Anstatt dem Trend zur Fehlererkennung durch immer komplexere Software zu folgen, werden in diesem Beitrag neuartige Prozessorarchitekturen mit hardwarebasierten Fehlererkennungsmerkmalen vorgestellt. Diese erlauben die einfache und zuverlässige Erkennung auftretender Kontroll- und Datenflussfehler und sind bisherigen Ansätzen deutlich überlegen.

1 Einleitung

Der Grad der Automatisierung steigt unaufhörlich, und mit ihm auch die Verantwortung für Mensch, Umwelt und Investitionen, welche die dabei eingesetzten Datenverarbeitungssysteme tragen. Gute Beispiele dafür sind autonome Steuerungsfunktionen und „x-by-wire"-Systeme im Automobil- und Avionikbereich. Die Komplexität der in diesen Systemen eingesetzten Software und Hardware nimmt stetig zu [3, 4, 12]. Die Strukturbreite innerhalb der integrierten Bausteine wird immer weiter verringert, wodurch die Bausteine immer empfindlicher für Umgebungseinflüsse wie Strahlung werden [2, 10].

All diese Faktoren wirken sich negativ auf die Fehlerwahrscheinlichkeit der Systeme aus. Konventionelle Prozessorarchitekturen sind vor allem auf maximalen Datendurchsatz hin ausgelegt, nicht auf Einfachheit, Fehlervermeidung und -erkennung. Diese – eigentlich ungeeigneten – Architekturen kommen meist aus ökonomischen Gründen zum Einsatz, wodurch der steigenden Fehlerwahrscheinlichkeit nur durch weiter steigende Komplexität der Software zur Fehlererkennung begegnet werden kann, die in allen Projekten erneut spezifiziert, entworfen, implementiert und aufwendig getestet werden muss. Werden entsprechende Merkmale dagegen in Hardware realisiert, so müssen diese in der Regel die genannten Entwicklungsschritte nur einmalig durchlaufen.

In diesem Beitrag werden neue Prozessorarchitekturen mit einfachen hardwarebasierten Fehlererkennungsmerkmalen vorgestellt, die während der Programm-

ausführung auftretende Kontroll- und Datenflussfehler zuverlässig aufdecken können.

2   Überwachung des Kontrollflusses

Durch Programmierfehler und physikalische Fehler kann bei der Abarbeitung
eines Programms der tatsächliche vom vorgesehenen Kontrollfluss abweichen,
wobei durch fehlerhafte Ausgaben insbesondere bei sicherheitsgerichteten Echtzeitsystemen Gefahren für Investitionsgüter, Mensch und Umwelt entstehen können. In [5] wurde durch Gollub eine neuartige Prozessorarchitektur vorgestellt,
die mittels der Merkmale Ansprungbefehle, Befehlsverkettung und Befehlszählerüberwachung in der Lage ist, Kontrollflussfehler auf einfache Art und Weise
aufzudecken. Diese Merkmale wurden teilweise patentiert [6, 7] und werden in
den folgenden Unterkapiteln kurz vorgestellt.

2.1   Ansprungbefehle

Allgemein werden Programme ausgeführt, indem ein Prozessor die Befehle des
Programms aus einem Speicher liest, dekodiert und ausführt. Nach der Ausführung eines Befehls wird der Befehlszähler, also der Zeiger auf den nächsten
auszuführenden Befehl, um die Länge des zuletzt ausgeführten Befehls erhöht.
Mit Hilfe von bedingten und unbedingten Sprungbefehlen kann der Befehlszähler
auf definierte Werte gesetzt werden, wodurch die Programmausführung an einer
beliebigen Adresse fortgesetzt werden kann. Herkömmliche Prozessoren können
nicht erkennen, ob die angesprungene Adresse tatsächlich ein im Programm vor-
gesehenes Sprungziel darstellt. Entsprechend können diese Prozessoren Fehler
im Kontrollfluss durch fehlerhafte Sprünge nicht als Fehler erkennen.

Um Kontrollflussfehler erkennen zu können, bei denen Sprünge an Adressen
erfolgen, die keine vorgesehenen Sprungziele darstellen, wurde in [5] eine Prozessorarchitektur vorgestellt, deren Befehlssatz neuartige Ansprungbefehle enthält.
Diese definieren gültige Sprungziele für verschiedene Sprungarten. Der Prozessor erwartet an Sprungzielen als ersten Befehl einen zur Sprungart passenden
Ansprungbefehl, wie in Abbildung 1 gezeigt. Handelt es sich beim ersten nach
einem Sprung auszuführenden Befehl dagegen nicht um einen Ansprungbefehl,
so ist von einem Kontrollflussfehler auszugehen und eine entsprechende Fehlerbehandlung kann eingeleitet werden.

2.2   Befehlsverkettung

Fehler können nicht nur fehlerhafte Sprünge, sondern auch andere Abweichungen von der vorgesehenen Ausführungsreihenfolge der Befehle eines Programms
bewirken. Herkömmliche Prozessoren können derartige Fehler nicht erkennen, da
ihnen keine Informationen über die richtige Ausführungsreihenfolge zur Verfügung stehen.

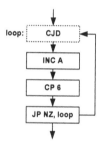

Abb. 1. Ansprungbefehl, hier Conditional Jump Destination CJD (nach [5])

Zur Erkennung derartiger Fehler wurde in [5] die neuartige Befehlsverkettung vorgestellt, bei der den Befehlen Eigen- und Folgekennungen zugeordnet sind, welche die Befehle miteinander verketten, wie in Abbildung 2 dargestellt. Der Prozessor prüft die Korrektheit der Ausführungsreihenfolge der Befehle des Programms anhand dieser Eigen- und Folgekennungen, indem er die Eigenkennung eines auszuführenden Befehls mit der spezifizierten Folgekennung des zuvor ausgeführten Befehls vergleicht. Stellt der Prozessor eine Abweichung fest, so wurde ein Kontrollflussfehler erkannt und eine entsprechende Fehlerbehandlung kann eingeleitet werden.

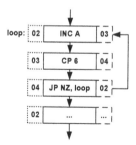

Abb. 2. Befehlsverkettung mit Eigen- und Folgekennung (nach [5])

2.3 Befehlszählerüberwachung

Mit der Befehlszählerüberwachung wurde in [5] die Einführung programmspezifischer endlicher Automaten zur Überwachung des Kontrollflusses bei der Programmausführung vorgeschlagen. Dabei prüft der Prozessor anhand dieses Automaten, ob die durchzuführende Befehlszähleränderung einer zugelassenen Transition des Automaten entspricht, wie in Abbildung 3 dargestellt. Ist dies nicht der Fall, so ist von einem Kontrollflussfehler auszugehen und eine entsprechende Fehlerbehandlung kann eingeleitet werden.

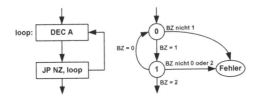

Abb. 3. Befehlszählerüberwachung (nach [5])

Durch die Verwendung von auf die Kontrollflussüberwachung spezialisierten dynamischen Automaten kann die Erweiterte Befehlszählerüberwachung neben Kontrollflussfehlern auch Kontrollflussanomalien, also durch Angriffe, Entwurfs- oder zur Laufzeit auftretende Fehler verursachtes fehlerhaftes Programmverhalten, erkennen.

Die leistungsfähigste Variante der Befehlszählerüberwachung ist die Prozessgrößengestützte Befehlszählerüberwachung, bei der die erfassten Prozessgrößen in die Prüfung der Transitionen des Befehlszählers einbezogen werden. Dies erlaubt es, auch solche Kontrollflüsse als Fehler zu erkennen, die zwar im Programm vorgesehen sind, also grundsätzlich gültige Transitionen darstellen, aber nicht mit der gewollten Reaktion auf die aktuellen Prozessgrößen in Einklang zu bringen sind. In einem solchen Fall kann eine entsprechende Fehlerbehandlung eingeleitet werden.

3   Überwachung des Datenflusses

Neben Kontrollflussfehlern können durch menschliche und physikalische Fehlermechanismen auch verschiedenste Arten von Datenflussfehler entstehen. In konventionellen Prozessorarchitekturen werden die Eigenschaften von Daten wie z. B. der Datentyp nur implizit durch die Art des Zugriffs auf die Daten definiert, nicht durch die Daten selbst. Entsprechend ist es der Hardware nicht möglich, beim Datenzugriff diese Eigenschaften zu prüfen und Datenflussfehler dadurch aufzudecken.

In der Vergangenheit wurden sehr einfache und leistungsfähige Fehlererkennungsmechanismen entwickelt und in Prozessorarchitekturen implementiert, allerdings sind diese Merkmale weitgehend in Vergessenheit geraten. Wichtige zu nennende Architekturarten sind dabei vor allem Datentyparchitekturen wie der Großrechner TR 4 [1], die dem Datenwert in den Datenworten eine Datentypkennung in Form zusätzlicher Bits hinzufügten, die den Datentyp des Datenwerts in einer hardwareverständlichen und damit -prüfbaren Form spezifizierte. Auf diese Weise konnte ein entsprechender Prozessor datentypbezogene Fehler wie z. B. den Versuch, Daten mit unterschiedlichen Datentypen zu vergleichen, sofort erkennen. Außer der Datentypkennung, Zugriffsrechten in Form sogenannter Befähigungen und Integritätsprüfungen wurden in diesen Architekturen jedoch keine weiteren Dateneigenschaften der Datenwerte in Kennungen verwendet.

In [14] wurde eine Datenspezifikationsarchitektur – kurz DSA – vorgestellt, die eine umfassende Darstellung aller identifizierten Dateneigenschaften in Form einer Vielzahl von Kennungen vornimmt, die in den Datenelementen untrennbar mit dem Datenwert verknüpft, übertragen, gespeichert und verarbeitet werden. Entsprechend umfangreich sind auch die Fehlererkennungsmöglichkeiten der Architektur, wie am Ende des Beitrags ersichtlich wird. Der Begriff „Datenelement" bezeichnet dabei die kleinste Speichereinheit, die neben dem Datenwert die ihn beschreibenden Eigenschaften in Form von Kennungen enthält, wie in Abbildung 4 beispielhaft dargestellt.

Abb. 4. Datenelement bestehend aus Datenwert und Kennungen

In diesem Beitrag werden 8 neuartige Kennungen vorgestellt, die zum Patent angemeldet wurden [15–22].

3.1 Wertebereichskennung

In vielen Fällen dürfen Eingabewerte von Funktionen und deren Rückgabewerte nicht im gesamten durch den Datentyp des Datenwerts zur Verfügung gestellten Wertebereich liegen, sondern nur in einer zulässigen Teilmenge. Entsprechende Prüfungen müssen in konventionellen Architekturen stets durch die Software durchgeführt werden. In einer Datenspezifikationsarchitektur wird den Datenwerten in den Datenelementen eine Wertebereichskennung hinzugefügt, die es erlaubt, den zulässigen Wertebereich des Datenwerts einzuschränken. Diese besteht, wie in Abbildung 5 gezeigt, aus zwei Teilkennungen, welche die Wertebereichsgrenzen definieren.

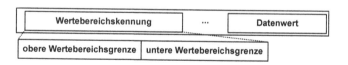

Abb. 5. Wertebereichskennung im Datenelement

Die Wertebereichskennung erlaubt dem Prozessor der DSA, bei Lesezugriffen die Plausibilität der in den Datenelementen enthaltenen Datenwerte zu prüfen. Wichtiger ist jedoch die Möglichkeit, beim Schreiben von Datenwerten in Zieldatenelemente zu prüfen, ob der zu schreibende Datenwert innerhalb des durch die Wertebereichskennung des Zieldatenelements beschriebenen Wertebereich liegt. Stellt der Prozessor beim lesenden oder schreibenden Zugriff eine Wertebereichsverletzung fest, so generiert er einen Ausnahmefehler.

3.2   Typberechtigungskennung

Die falsche Nutzung von Daten, z. B. durch die Anwendung nicht zulässiger Operationen, kann von konventionellen Architekturen nicht als Fehler erkannt werden. Dabei liegt es nahe, z. B. die Addition zweier Datenwerte eines Enumerationsdatentyps als Fehler zu erkennen, da das Ergebnis in der Regel wenig Sinn ergeben dürfte. So wäre das Ergebnis der Addition der beiden Fehlercodes `KEIN_PAPIER_MEHR` und `PAPIERSTAU` wenig aussagekräftig. Um derartige Fehler erkennen zu können, wird den Datenwerten in den Datenelementen einer Datenspezifikationsarchitektur eine Typberechtigungskennung als Teil der Datentypkennung hinzugefügt, wie in Abbildung 6 dargestellt.

Abb. 6. Typberechtigungskennung als Teil der Datentypkennung im Datenelement

Die Typberechtigungskennung spezifiziert, welche in Gruppen zusammengefassten Befehlsarten auf den betreffenden Datenwert angewendet werden dürfen. Dabei werden die folgenden Befehlsgruppen unterschieden: Vergleiche, Zuweisungen, Datentypumwandlungen, arithmetische Operationen, Schiebebefehle und bitweise logische Operationen.

Bei der Verarbeitung von Daten prüft der Prozessor die Typberechtigungskennungen aller Quelloperanden darauf, ob die durchzuführende Operation jeweils gestattet ist. Ist dies bei mindestens einem Operanden nicht der Fall, so generiert der Prozessor einen Ausnahmefehler.

3.3   Einheitenkennung

Datenwerte werden in bisher bekannten Architekturen so behandelt, als wären sie dimensionslos. Die Einheit des Datenwerts ergibt sich dann implizit beim Zugriff, weshalb die Hardware einheitenbezogene Fehler nicht erkennen kann. Um derartige Fehler erkennen zu können, wird dem Datenwert in einer Datenspezifikationsarchitektur innerhalb der Datenelemente eine Einheitenkennung hinzugefügt, die in sieben Teilkennungen die vorzeichenbehafteten Potenzen der sieben SI-Basiseinheiten [11] des Datenwerts spezifiziert, wie in Abbildung 7 gezeigt.

Durch Auswertung der Inhalte der Einheitenkennung kann der Prozessor der DSA bei der Durchführung von Operationen wie z. B. Additionen, Subtraktionen und Vergleichen die Gleichheit der Einheiten der Operanden prüfen. Stellt er fest, dass der sprichwörtliche Vergleich von „Äpfeln mit Birnen" durchgeführt werden soll, so generiert der Prozessor einen Ausnahmefehler.

Bei der Durchführung von Operationen wie z. B. Multiplikationen und Divisionen wendet der Prozessor die Potenzgesetze auf die Inhalte der Einheitenkennungen der Quelloperanden der Operation an und berechnet auf diese Weise

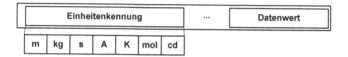

Abb. 7. Einheitenkennung im Datenelement

den zu setzenden Inhalt der Einheitenkennung des Ergebnisses der Operation, also dessen Einheit. Diese kann dann bei Weiterverarbeitung des Ergebnisses wiederum durch den Prozessor geprüft werden.

3.4   Verarbeitungswegkennung

Daten folgen im allgemeinen fest vorgegebenen Pfaden durch ein System von den Datenquellen, z. B. den Sensoren, über die Datenverarbeitungseinheiten hin zu den Senken, z. B. den Aktoren. Daher ist es sinnvoll, den vorgesehenen Verarbeitungsweg eines Datenwerts in einer Verarbeitungswegkennung in hardwarelesund -prüfbarer Form zu spezifizieren, wie in Abbildung 8 dargestellt. In vier Teilkennungen werden die folgenden Eigenschaften und Vorgaben definiert: die Quellteilkennung spezifiziert die Quelle oder die Quellen des Datenwerts, die Systemteilkennung des Verarbeitungswegs spezifiziert die zulässigen Datenverarbeitungseinheiten, die den Datenwert verarbeiten dürfen, die Lokalteilkennung des Verarbeitungswegs spezifiziert die zulässigen Datenverarbeitungsblöcke innerhalb der jeweiligen Datenverarbeitungseinheit, die den Datenwert verarbeiten dürfen, und die Zielteilkennung spezifiziert die vorgesehenen Ziele des Datenwerts, die den Datenwert schlussendlich „verbrauchen" dürfen.

Abb. 8. Verarbeitungswegkennung im Datenelement

Die Inhalte der Verarbeitungswegkennung eines Datenwerts werden durch die den Datenwert erzeugende Quelle gesetzt. Jeder Datenquelle ist eine Bitposition in der Quellteilkennung, jeder Datenverarbeitungseinheit eine Bitposition in der Systemteilkennung des Verarbeitungswegs und jeder Senke eine Bitposition in der Zielteilkennung zugewiesen. Innerhalb der Datenverarbeitungseinheiten ist jedem Datenverarbeitungsblock, also z. B. jeder Programminstanz, eine Bitposition zugewiesen. Da in komplexeren Systemen ggf. mehrere Datenverarbeitungseinheiten hintereinander die Datenwerte verarbeiten oder den Datenquellen der innere Aufbau der Datenverarbeitungseinheiten nicht bekannt ist, werden die Inhalte der Lokalteilkennung des Verarbeitungswegs des Datenwerts durch die jeweilige Datenverarbeitungseinheit zugewiesen.

Der Prozessor der DSA in den Datenverarbeitungseinheiten prüft bei jedem Zugriff, ob das zugewiesene Bit in der Systemteilkennung des Verarbeitungswegs gesetzt ist, sie also das Recht hat, die Daten zu verarbeiten. Ist dies nicht der Fall, so wird ein Ausnahmefehler generiert, worauf eine entsprechende Fehlerbehandlung eingeleitet werden kann. Analog dazu prüft die Hardware von Datensenken, ob das zugewiesene Bit in der Zielteilkennung gesetzt ist. Ist dies nicht der Fall, wird ebenfalls ein Ausnahmefehler generiert. Zusätzlich zu den bereits beschriebenen Prüfungen können die Datenverarbeitungseinheiten anhand der Quellteilkennung weiterhin verifizieren, dass die Datenwerte der erwarteten Quelle oder den erwarteten Quellen entstammen, ebenso können die Datensenken anhand der Quell- und Systemteilkennungen des Verarbeitungswegs sicherstellen, dass Quelle bzw. Quellen und die berechtigten Datenverarbeitungseinheiten den Erwartungen entsprechen. Auch hier werden bei Abweichungen Ausnahmefehler generiert.

Bei der Datenverarbeitung werden die Inhalte der Quellteilkennungen der Operanden durch den Prozessor der DSA durch eine ODER-Verknüpfung vereinigt und als Quellteilkennung des Ergebnisses der Operation gespeichert. Bei den System- und Lokalteilkennungen des Verarbeitungswegs und der Zielteilkennung wird jeweils mittels einer UND-Verknüpfung die Schnittmenge der berechtigten Verarbeitungseinheiten und Senken gebildet und in der entsprechenden Teilkennung des Ergebnisses gespeichert. Dies erlaubt den Empfängern der Datenelemente die Prüfung der Inhalte der Verarbeitungswegkennung.

Durch Nutzung der Verarbeitungswegkennung können fehlgeleitete Datenelemente sicher erkannt und entsprechende Fehlerbehandlungsmaßnahmen eingeleitet werden.

3.5 Zeitschrittkennung

In digitalen Systemen werden Datenwerte zu diskreten Zeitpunkten erzeugt, weshalb es sinnvoll ist, dem erzeugten Datenwert die Nummer des Entstehungszeitpunkts als Zeitschritt in einer Zeitschrittkennung hinzuzufügen, wie in Abbildung 9 gezeigt.

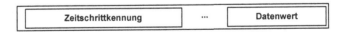

Abb. 9. Zeitschrittkennung im Datenelement

In vielen Applikationen wie z. B. Schleifen, digitalen Filtern und gleitenden Summen müssen Operanden zueinander in bestimmten temporalen Beziehungen stehen. Zur Prüfung der temporalen Beziehungen der Operanden werden die Befehle in einer DSA ebenfalls um eine Zeitschrittkennung erweitert, welche die erwartete Zeitschrittdifferenz der Operanden spezifiziert. Bei der Datenverarbeitung berechnet der Prozessor der DSA die Differenz der Inhalte der Zeitschrittkennungen der Operanden und vergleicht diese mit der in der Zeitschrittkennung des Befehls hinterlegten erwarteten Differenz. Im Falle der Nichtübereinstimmung wird ein Ausnahmefehler generiert, in dessen Folge eine entsprechende Fehlerbehandlung eingeleitet werden kann.

Durch Nutzung der Zeitschrittkennungen in Daten- und Befehlselementen kann der Prozessor der DSA auf einfache Art und Weise unvollständige Datenübertragungen, Synchronisationsfehler, Duplizierungen und verlorengegangene Aktualisierungen von Datenwerten aufgedeckt werden.

3.6 Fristkennung

Da anfallende Daten in einem System mit harten Echtzeitbedingungen innerhalb eines fest vorgegebenen Zeitraums verarbeitet sein müssen, ist es sinnvoll, derartige Bedingungen explizit in den einzelnen Datenelementen vorzugeben. Daher wird in einer Datenspezifikationsarchitektur jedem Datenwert im Datenelement eine in Abbildung 10 dargestellte Fristkennung hinzugefügt, die den Ablauf der Gültigkeit des Datenwerts in Form eines spätesten zulässigen Nutzungszeitpunkts spezifiziert.

Abb. 10. Fristkennung im Datenelement

Bei jedem lesenden Zugriff auf ein Datenelement prüft der Prozessor der DSA, ob die zu verarbeitenden Datenwerte noch gültig sind. Ist dies nicht der Fall, wird ein Ausnahmefehler generiert. Auf diese Weise kann die DSA die Verletzung von Echtzeitbedingungen zu einem sehr frühen Zeitpunkt erkennen und entsprechende Fehlerbehandlungsmaßnahmen einleiten.

Um die Inhalte der Fristkennung des Ergebnisses einer datenverarbeitenden Operation zu bestimmen, enthalten auch die Befehlselemente der DSA eine Fristkennung. Hat diese den Wert Null, so weist der Prozessor der DSA die als nächstes ablaufende Frist der Quelloperanden dem Ergebnis als Frist zu. Hat die Fristkennung einen Wert ungleich Null, so definiert sie eine Zeitspanne, innerhalb derer das Ergebnis der Operation gültig ist. Der Prozessor berechnet die Frist des Ergebnisses durch Addition der aktuellen Uhrzeit und der spezifizierten Zeitspanne und legt diese in der Fristkennung des Ergebnisses ab.

3.7 Zykluszeitkennung

In vielen Fällen werden Datenwerte in sicherheitsgerichteten Echtzeitsystemen zyklisch erfasst und verarbeitet. Dabei soll die Aktualisierung eines Datenwerts i. A. in festgelegten Zeitabständen erfolgen. Verschiedene Fehlerarten können dafür sorgen, dass Aktualisierungen außerhalb eines vorgesehenen Zeitfensters erfolgen oder sogar ganz ausbleiben. In einer DSA werden den Datenwerten in den

Datenlementen daher Zykluszeitkennungen hinzugefügt, die in drei Teilkennungen den Identifikator und den frühesten und den spätesten zulässigen Aktualisierungszeitpunkt des betreffenden Datenwerts spezifizieren, wie Abbildung 11 zeigt.

Abb. 11. Zykluszeitkennung im Datenelement

Innerhalb der DSA ist dem Prozessor eine Zyklusüberwachungseinheit beigeordnet, die in zwei Listen die frühesten und spätesten zulässigen Aktualisierungszeitpunkte verwaltet. In der ersten Liste sind Tupel bestehend aus Identifikator und frühestem zulässigen Aktualisierungszeitpunkt abgelegt. In der zweiten Liste werden die zeitlich aufsteigend sortierten Tupel bestehend aus Identifikator und spätestem zulässigen Zeitpunkt gespeichert, so dass der erste Eintrag immer den nächsten verstreichenden Aktualisierungszeitpunkt enthält.

Bei der Verarbeitung eines Datenwerts werden die Inhalte der Zykluszeitkennung vom Prozessor der DSA an die Zyklusüberwachungseinheit gesendet. Diese sucht in der ersten Liste einen zum Identifikator gehörenden Eintrag. Wird ein solcher gefunden, so wird der in der Liste zusammen mit dem Identifikator abgelegte früheste zulässige Aktualisierungszeitpunkt mit der aktuellen Uhrzeit verglichen und im Falle einer Unterschreitung ein Ausnahmefehler generiert. Im fehlerfreien Fall wird der zum Identifikator gehörende Eintrag in der ersten Liste mit dem neuen Zeitpunkt aktualisiert oder ein neuer Eintrag angelegt, falls es bislang keinen in der Liste gab.

In regelmäßigen Abständen prüft die Zyklusüberwachungseinheit, ob der späteste zulässige Aktualisierungszeitpunkt des ersten Eintrags der zweiten Liste verstrichen ist. Ist dies der Fall, so wurde der durch den Identifikator identifizierte Datenwert nicht zeitgerecht aktualisiert und die Zyklusüberwachungseinheit generiert einen Ausnahmefehler.

Durch Verwendung der Zykluszeitkennung und der Zyklusüberwachungseinheit kann die DSA Verletzungen zyklischer Echtzeitbedingungen zu einem frühest möglichen Zeitpunkt erkennen und eine entsprechende Fehlerbehandlung einleiten.

3.8   Signaturkennung

Daten können auf dem Weg durch ein System durch Störungen und Fehler verändert werden, wodurch ihre Interpretation oder Verarbeitung zu gefährlichen Ausgaben eines Automatisierungssystems führen kann. Wie der Fall des Stuxnet-Wurms [8] eindrucksvoll gezeigt hat, werden Automatisierungssysteme zunehmend das Ziel von Angriffen mit der Absicht, das Verhalten der Anlagen im eigenen Sinne zu beeinflussen. Obwohl typische Integritätsprüfungsverfahren wie die Dreierprobe der Großrechneranlage TR 4 [1] und die Hammingkodierung bei ECC-Speichern und der inhärent sicheren Mikroprozessorarchitektur ISMA [13] störungs- und fehlerbedingte Datenverfälschungen erkennen können, bieten sie keinen hinreichenden Schutz vor absichtlicher Veränderung von Daten.

Diese Problematik wird in der Datenspezifikationsarchitektur DSA dadurch gelöst, dass jedem Datenelement eine Signaturkennung hinzugefügt ist, welche die kryptographische Signatur der Inhalte des gesamten Datenelements enthält, wie in Abbildung 12 zu sehen.

Abb. 12. Signaturkennung im Datenelement

Bei jedem Lesezugriff kann der Prozessor der DSA anhand der Signaturkennung die Integrität und die Authentizität des gelesenen Datenelements verifizieren. Die Signaturkennung des Ergebnisses einer Operation wird vom Prozessor automatisch mit einer gültigen Signatur gefüllt, wodurch bei späteren Lesezugriffen wiederum die Prüfung von Integrität und Authenziät des betreffenden Datenelements ermöglicht wird. Kann die Signatur eines Datenelements nicht erfolgreich verifiziert werden, so generiert der Prozessor einen Ausnahmefehler.

Besonders leistungsfähig ist die Signaturkennung zusammen mit den Zeitschritt- und Fristkennungen, da durch die Verifikation der Integrität zu verarbeitender Datenelemente sichergestellt ist, dass ein Angreifer die Inhalte der genannten Kennungen nicht verändern kann. Zeichnet ein Angreifer gültige Datenelemente auf und versucht zu einem späteren Zeitpunkt, diese einer Datenverarbeitungseinheit als aktuelle und gültige Daten anzubieten, z.B. um einen technischen Prozess im Sinne des Angreifers zu beeinflussen, so werden die verstrichenen Gültigkeitszeiträume in den Fristkennungen bzw. die unpassenden Zeitschritte in den Zeitschrittkennungen diesen Angriff sofort aufdecken. Ändern kann der Angreifer die Inhalte der beiden Kennungen nicht, ohne dass diese Manipulation bei der Prüfung der kryptographischen Signatur erkannt wird.

Da sowohl Erzeugung als auch Prüfung der Inhalte der Signaturkennung erheblichen Aufwand verursachen, kommt der Einsatz der Signaturkennung nur bei solchen Anwendungen in Frage, die sehr hohe Anforderungen an die Vertraulichkeit und Authentizität von Daten stellen. Ein gutes Beispiel, das den Aufwand rechtfertigen könnte, sind Chipkarten, die einer Vielzahl von Angriffsarten ausgesetzt sind [9].

3.9 Übersicht über alle Kennungen in den Datenelementen

Der Aufbau der Datenelemente einer Datenspezifikationsarchitektur wird in Abbildung 13 gezeigt. Die in der Abbildung dargestellten Kennungen werden im Detail in [14] vorgestellt.

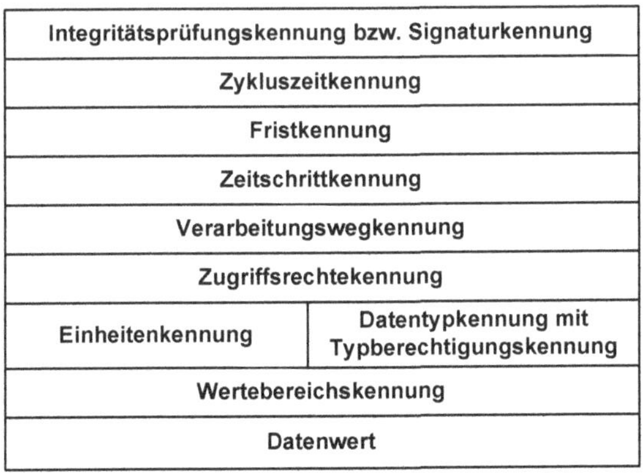

Integritätsprüfungskennung bzw. Signaturkennung	
Zykluszeitkennung	
Fristkennung	
Zeitschrittkennung	
Verarbeitungswegkennung	
Zugriffsrechtekennung	
Einheitenkennung	Datentypkennung mit Typberechtigungskennung
Wertebereichskennung	
Datenwert	

Abb. 13. Aufbau der Datenelemente einer DSA

In diesem Beitrag wurde bereits angedeutet, dass auch die Befehlselemente neben dem Befehlscode und den Operanden bzw. den Adressen der Operanden weitere Kennungen enthalten, welche die Datenflussüberwachung der DSA unterstützen. Weiterhin wird der Registersatz der DSA um spezielle Register zur Verwendung bei der Auswertung der Zugriffsrechte und der Verarbeitungswegkennungen erweitert. Die Kennungen in den Befehlselementen und die angesprochenen Register werden in [14] genau erläutert.

3.10   Evaluation der Datenspezifikationsarchitektur

Zur Bewertung des Stands von Wissenschaft und Technik und der neu entworfenen Datenspezifikationsarchitektur wurde in [14] eine Sammlung von 18 datenflussbezogenen Fehler- und 2 Angriffsarten vorgestellt. Durch die Anwendung der in diesem Beitrag vorgestellten und weiterer Fehlererkennungsmethoden ist die DSA in der Lage, alle 20 Fehler- und Angriffsarten auf eine einfache Art und Weise zu erkennen. In Tabelle 1 werden die 20 Fehler- und Angriffsarten zusammen mit dem jeweiligen Merkmal der Datenspezifikationsarchitektur gezeigt, welches ihr die Erkennung der betreffenden Fehler- bzw. Angriffsart ermöglicht.

Literaturverzeichnis

1. AEG Datenverarbeitung: TR 4 Bedienungshandbuch
2. R. C. Baumann, E. B. Smith: Neutron-Induced Boron Fission as a Major Source of Soft Errors in Deep Submicron SRAM Devices; Reliability Physics Symposium, 2000. Proceedings, 38th Annual 2000 IEEE International; S. 152–157; 2000
3. M. Broy: Challenges in Automotive Software Engineering; ICSE '06 Proceedings of the 28th international conference on Software engineering, S. 33–42; 2006
4. R. N. Charette: This Car Runs on Code; http://spectrum.ieee.org/transportation/systems/this-car-runs-on-code; 2009

Tabelle 1. Fehlererkennung durch die Datenspezifikationsarchitektur DSA

Fehlerart	Erkennbarkeit	Merkmal
Inkompatible Datentypen	ja	Datentypkennung
Inkompatible Einheiten	ja	Einheitenkennung
Wertebereichsunter- bzw. -überschreitung	ja	Wertebereichskennung
Genauigkeitsproblem	ja	Messwertdatentypen mit Werteintervall
Falsche Operandenauswahl	ja	Adresse in Integritäts- oder Signaturkennung
Falsche Operatorauswahl	ja	Diversitäre ALE
Fehlerhaftes Operationsergebnis	ja	Diversitäre ALE
Fristüberschreitung	ja	Fristkennung
Zyklusunterschreitung	ja	Zykluszeitkennung
Zyklusüberschreitung	ja	Zykluszeitkennung
Verlorengegangene Datenaktualisierung	ja	Zeitschrittkennung
Synchronisationsfehler oder unvollständige Datenübertragung	ja	Zeitschrittkennung
Pufferunter- oder -überläufe	ja	Sichere Felder, Datentypkennung
Fehlerhafter Datenfluss (falsche Adressaten, ...)	ja	Verarbeitungswegkennung
Duplizierte Daten	ja	Zeitschrittkennung
Durch Fehler oder Störungen verfälschte Daten	ja	Integritäts- oder Signaturkennung
Fehlerhafter Datenzugriff (fehlende Zugriffsrechte)	ja	Zugriffsrechtekennung
Nutzung nicht initialisierter Daten	ja	Zugriffsrechtekennung
Angriffsart		
Gezielt verfälschte Daten	ja	Signaturkennung
Wiedereinspielungsattacke	ja	Signaturkennung mit Zeitschritt-, Frist- und Zykluszeitkennung

5. L. Gollub: Verfahren zur Kontrollflussüberwachung in sicherheitsgerichteten Rechensystemen; 2014, VDI Verlag; ISBN 978-3-18-383210-1
6. L. Gollub und W.A. Halang: Prozessor mit Ansprungbefehlen zur Überwachung des Kontrollflusses; Deutsches Patent 10 2008 029 231; 19. Juni 2008
7. L. Gollub und W.A. Halang: Prozessor, der zur Überwachung des Kontrollflusses Befehlen zugeordnete Eigen- und Folgekennungen auswertet; Deutsches Patent 10 2009 005 449; 21. Januar 2009
8. D. Kushner: The Real Story of Stuxnet; http://spectrum.ieee.org/telecom/security/the-real-story-of-stuxnet
9. P. Laackmann, M. Janke: 25 Jahre Chipkarten-Angriffe; https://events.ccc.de/congress/2013/Fahrplan/system/attachments/2227/original/25_Jahre_Chipkartenangriffe-Marcus_Janke_Peter_Laackmann.pdf; 2013
10. E. Normand: Single Event Upset at Ground Level; IEEE Transactions on Nuclear Science, Vol. 43, Issue 6; S. 2742–2750; 1996
11. Organisation Intergouvernementale de la Convention du Mètre: The International System of Units (SI); 8e edition; 2006
12. S. Ramesh: Software's Significant Impact on the Automotive Industry; Frost & Sullivan Market Insight; 2008
13. S. Widmann: Eine inhärent sichere Mikroprozessorarchitektur; 2015; VDI Verlag; ISBN 978-3-18-384310-7
14. S. Widmann: Eine Datenspezifikationsarchitektur; Dissertation; FernUniversität in Hagen; 2017
15. S. Widmann, W. A. Halang: Vorrichtung und Verfahren zur gerätetechnischen Erkennung inkompatibler Operandeneinheiten in Datenverarbeitungseinheiten; Patentanmeldung beim Deutschen Patent- und Markenamt; 23.06.2017
16. S. Widmann, W. A. Halang: Vorrichtung und Verfahren zur gerätetechnischen Einschränkung der zulässigen Operationen auf Daten in Datenverarbeitungseinheiten; Patentanmeldung beim Deutschen Patent- und Markenamt; 23.06.2017
17. S. Widmann, W. A. Halang: Vorrichtung und Verfahren zur gerätetechnischen Erkennung der Datennutzung außerhalb ihres Gültigkeitszeitraums in Datenverarbeitungseinheiten; Patentanmeldung beim Deutschen Patent- und Markenamt; 23.06.2017
18. S. Widmann, W. A. Halang: Vorrichtung und Verfahren zur gerätetechnischen Erkennung von absichtlichen oder durch Störungen und / oder Fehler verursachten Datenverfälschungen in Datenverarbeitungseinheiten; Patentanmeldung beim Deutschen Patent- und Markenamt; 23.06.2017
19. S. Widmann, W. A. Halang: Vorrichtung und Verfahren zur gerätetechnischen Erkennung von Datenflussfehlern in Datenverarbeitungseinheiten und -systemen; Patentanmeldung beim Deutschen Patent- und Markenamt; 23.06.2017
20. S. Widmann, W. A. Halang: Vorrichtung und Verfahren zur gerätetechnischen Erkennung von Wertebereichsverletzungen von Datenwerten in Datenverarbeitungseinheiten; Patentanmeldung beim Deutschen Patent- und Markenamt; 23.06.2017
21. S. Widmann, W. A. Halang: Vorrichtung und Verfahren zur gerätetechnischen Erkennung von Synchronisations- und Datenaktualisierungsfehlern in Datenverarbeitungseinheiten; Patentanmeldung beim Deutschen Patent- und Markenamt; 23.06.2017
22. S. Widmann, W. A. Halang: Vorrichtung und Verfahren zur gerätetechnischen Erkennung von Verletzungen von zyklischen Echtzeitbedingungen in Datenverarbeitungseinheiten und -systemen; Patentanmeldung beim Deutschen Patent- und Markenamt; 23.06.2017